0478

NEXO DE CAUSALIDADE NO DIREITO PRIVADO E AMBIENTAL

S174n   Salomon, Fernando Baum
        Nexo de causalidade no direito privado e ambiental / Fernando Baum Salomon. – Porto Alegre: Livraria do Advogado Editora, 2009.
        122 p.; 23 cm.
        ISBN 978-85-7348-581-3

        1. Nexo causal: Responsabilidade civil. 2. Nexo causal: Proteção ambiental I. Título.

        CDU – 347.51

Índices para o catálogo sistemático:
Nexo causal: Responsabilidade civil   347.51
Nexo causal: Proteção ambiental   347.51

(Bibliotecária responsável: Marta Roberto, CRB-10/652)

Fernando Baum Salomon

NEXO DE CAUSALIDADE NO DIREITO PRIVADO E AMBIENTAL

Porto Alegre, 2009

© Fernando Baum Salomon, 2009

Capa, projeto gráfico e diagramação
Livraria do Advogado Editora

Revisão
Betina D. Szabo

Direitos desta edição reservados por
Livraria do Advogado Editora Ltda.
Rua Riachuelo, 1338
90010-273 Porto Alegre RS
Fone/fax: 0800-51-7522
editora@livrariadoadvogado.com.br
www.doadvogado.com.br

Impresso no Brasil / Printed in Brazil

Ao meu filho Caio, pela ausência sentida.

Ao Prof. Dr. Juarez Freitas, jurista que o vernáculo limita na possibilidade de elogios pelo seu trabalho até hoje desenvolvido, incansável pesquisador, pela dedicação, incentivo e paciência na orientação da presente dissertação de mestrado.

Ao Tiago Bitencourt de David, que se empenhou na pesquisa e apuração de muitos textos utilizados, parceiro de todas as horas e pessoa de valores que demonstrou ser.

Agradecimentos

Ao Prof. Dr. Eugênio Facchini Neto, pelo seu conhecimento, que engrandece o Direito Civil brasileiro, bem como pelas suas consistentes contribuições.

Aos Professores Doutores Claudio Fortunato Michelon Júnior e Jorge Cesa Ferreira da Silva, pelos incentivos recebidos.

À Advogada e Mestre em Direito Karine Demoliner, pelos momentos dedicados de reflexão e ajuda na pesquisa deste trabalho.

Ao sócio Newton Domingues Kalil e demais colegas de escritório pela compreensão e suporte dedicados.

*The lawyers, not the philosophers,
are the clergy of liberalism.*

Alasdair MacIntyre

Prefácio

Com grande satisfação, apresentamos o presente livro, escrito pelo amigo e colega, Fernando Baum Salomon.

Estudioso do Direito Civil, e sempre preocupado com a renovação de seus institutos, o advogado militante e professor Fernando Baum Salomon, em face de sua atuação profissional, teve sua atenção voltada para os temas ligados à responsabilidade civil, em especial no que concerne à indenização dos danos do meio ambiente.

Trata-se de opção natural em face do grande desenvolvimento dessas duas áreas em nosso ordenamento: de um lado, a evolução e atualidade da causa do meio ambiente, que tem merecido intensa e qualificada produção doutrinária, aliada à preocupação constante com a eficácia do direito fundamental de preservação do meio ambiente. De outro, a questão da operacionalidade dos pressupostos clássicos da responsabilidade civil, por força da necessidade de atender a problemas novos de nossa sociedade, como é o caso da defesa do meio ambiente.

A obra que ora prefaciamos constitui-se em trabalho elaborado como conclusão ao Curso de Mestrado em Direito da PUC/RS. Nessa condição, é um estudo que se preocupa em analisar criticamente assuntos importantes da dogmática do Direito Privado, no caso o nexo causal, vinculando-o também à tutela ambiental.

O livro desperta atenção pelo rigor acadêmico no trato dos principais problemas relativo ao nexo causal, aliado ao perfeito uso da bibliografia nacional e estrangeira, bem como a preocupação nítida com a solução dos problemas práticos ligados ao tema.

Em seu trabalho, o autor discorre, inicialmente, sobre problema clássico, a noção de causalidade, situando o assunto especificamente no campo das ciências humanas.

Em seguida, o autor preocupa-se em indicar a base sistemática e hermenêutica que considera essencial para analisar o tema de seu trabalho: defende uma concepção aristotélica-tomista para o Direito privado em geral e para a responsabilidade civil em especial.

Após analisar as diversas teorias relativas ao nexo de causalidade, fixa-se no exame da teoria da causalidade adequada, discorrendo sobre as questões decorrentes de sua aplicação como fundamento doutrinário do nexo causal em nosso ordenamento. O Autor enfrenta temas em voga, como é o caso da perda de uma chance e da aplicação da teoria da causalidade adequada no âmbito da defesa do consumidor.

Ao vincular, especificamente, a matéria do nexo causal com a tutela do meio ambiente, a obra trata com propriedade sobre assuntos importantes, como os princípios da prevenção e precaução e sua aplicação no Direito brasileiro.

Em síntese, trata-se de um excelente estudo sobre tema de alta relevância para todos os estudiosos da responsabilidade civil, constituindo-se em obra de destaque nos estudos jurídicos da atualidade.

Porto Alegre, março de 2008.

Fábio Siebeneichler de Andrade

Sumário

Introdução 15
1. As premissas metodológicas 29
   1.1. Causalidade nas ciências naturais 29
   1.2. Causalidade na filosofia 30
2. Diretrizes hermenêutico-filosóficas para aferição do nexo de causalidade no Direito Privado brasileiro 35
   2.1. As diferentes concepções de Direito Privado e o nexo de causalidade 35
   2.2. Noção de sistema e sua interpretação 41
3. Teorias sobre relação de causalidade 47
   3.1. Equivalência das condições 47
   3.2. Causa próxima 50
   3.3. Condição preponderante 52
   3.4. Ação humana 53
   3.5. Causa eficiente 54
   3.6. Causalidade adequada 55
4. A causalidade adequada como opção de metodologia de análise do nexo causal no ordenamento jurídico brasileiro 59
   4.1. Análise da expressão "efeito direto e imediato" constante do artigo 403 do Código Civil de 2002 59
      4.1.1. A teoria da causalidade adequada como concretização da perspectiva aristotélica de justiça corretiva 61
         4.1.1.1. Causalidade adequada no CC/02 62
      4.1.2. O nexo de causalidade no Código de Defesa do Consumidor 64
   4.2. Aplicação da causalidade adequada e danos indenizáveis 69
      4.2.1. Os danos remotos 69
      4.2.2. Danos reflexos, indiretos ou por ricochete 70
      4.2.3. A indenização pela "perda de uma chance" 72
5. Excludentes de causalidade 77
   5.1. Caso fortuito e força maior 77
   5.2. Fato de terceiro 82
   5.3. Fato exclusivo da vítima 86
   5.4. Cláusula de não-indenizar 88

6. A reparação dos danos ambientais face aos pressupostos
da responsabilidade civil 91
   6.1. Sociedade de risco: a importante função do princípio do poluidor-pagador
       e a justa medida da indenização 91
   6.2. Princípios da prevenção e da precaução no Direito brasileiro 98
   6.3. A idéia de dano e a tutela processual civil em matéria ambiental 101
   6.4. O nexo de causalidade em matéria ambiental 109

Considerações finais 115

Referências 117

Introdução

A responsabilidade civil baseada na conduta moralmente censurável, considerando sua origem no tribuno romano Lacio Aquilio, foi a base de nosso ordenamento civil até bem pouco tempo. As modificações havidas com a Lei nº 10.406/2002, que entrou em vigor em 11 de janeiro de 2003,[1] tiveram como objetivo suprir a sociedade com outras ferramentas frente às realidades sociais que vivemos. No que tange à responsabilidade civil, esse projeto foi pródigo em mudanças, instituindo, também, a responsabilidade objetiva como método da análise do ato lesivo, ou seja, trazendo para o corpo do código civil outra coluna de sustentação estrutural permitindo muitas vezes a análise da responsabilidade do agente sem o elemento subjetivo. Essas modificações estruturais permitiram que fosse direcionado um dos vetores da responsabilidade diretamente à pessoa do agente. Atendeu o redator, entre outros princípios, ao do máximo ressarcimento. Na legislação esparsa já havia normas que introduziram a responsabilidade objetiva, por exemplo, do transportador ferroviário, que acabaram sendo corroboradas na codificação civil. Houve, em verdade, o reconhecimento de que na capacidade do homem de empreender não somente os benefícios econômicos dele advindos se materializam, mas também suas conseqüências degradantes ao ambiente. Não é possível pensar que o desenvolvimento por si não institui algum grau de risco ao meio ambiente, fruto da inevitável transformação geradora de perdas, porém, a legislação veio para estabelecer os limites os quais a sociedade suporta absorver. Daí o advento de um número cada vez maior de legislações protetivas ao meio ambiente que, numa racionalização final, são ferramentas de implementação e sustentáculo para o princípio da dignidade da pes-

---
[1] REALE, Miguel. *História do Novo Código Civil*. São Paulo: Revista dos Tribunais, 2005. p. 206-210.

soa humana, ora quando restringem a atividade humana, ora quando a permitem.

Tanto no ressarcimento privado como no ressarcimento público ou difuso por danos ao consumidor e ambiente, buscou o legislador o mais amplo ressarcimento dos atingidos. Muito facilmente identifica-se no repertório legislativo os bens os quais busca proteger, ora de natureza privada, como no caso do código civil, ora de natureza eminentemente pública e ora em ambos.

Resta claro no cabedal legislativo o que venha a ser dano e a quem cabe indenizar, porém, não se preocupou o legislador em elaborar uma metodologia, uma sistematização ou definição clara de como conectar essas duas figuras do direito, ou seja, restou ao Direito enquanto ciência clarear a existência ou não de uma ou mais metodologias de aplicação do nexo de causalidade ao caso concreto. Para alguns, a responsabilidade objetiva está calcada na demonstração inequívoca do nexo de causalidade entre conduta e dano.

O que buscamos ponderar neste texto é a existência ou não de uma teoria pela qual o direito brasileiro teria optado a fim de estabelecer o nexo de causalidade, tomando como base a apreciação das teorias mais relevantes, em nosso ver, existentes. Dentre elas, nos deteremos mais demoradamente na idéia de causalidade adequada, tentando compreender seus desdobramentos no Direito Privado nacional e fazendo também uma brevíssima incursão pelo Direito Ambiental e consumerista, no qual também a questão é deveras controvertida.

O dano, a ação, ilícita ou não, a subjetividade da pessoa do agente ou a sua atividade que dispensa esta apreciação foram e são exaustivamente tratados na doutrina e jurisprudência. As formas de liquidação dos danos, as diversas facetas dos danos materiais, especialmente, e até daqueles que teorizam a possibilidade de implementação de um dano ambiental coletivo comprovam um desenvolvimento da responsabilidade civil em dois dos seus pressupostos. Diferentemente, foi olvidado pela Academia e relegado a um segundo plano o estudo do nexo de causalidade. Na jurisprudência, mais ainda, foi dado tratamento eclético extremo ao tema, de forma que em nada contribuíram os pretórios para um entendimento mais claro. Causalidade, como termo genérico, como vocabulário, e seus significados, na Filosofia, na Física e noutras ciências, parece-nos ter sido relegado a um plano secundário, o que nos revela um equívoco. O tratamento que o Direito Ambiental dispensou doutrinária e jurisprudencialmente ao tema é proporcional em dispersão à complexidade das questões difusas em geral, haja vista que a prova da ligação entre o agente e o dano se torna, não poucas vezes, quase que impossível. Necessitamos avaliar, portanto, se há uma opção teórica no direito brasileiro e se essa opção, que nos parece ter sido pela causalidade adequada, responde aos anseios mínimos da sociedade em que nos encontramos. A mudança dos paradigmas sociais de comportamento exige um estudo pormenorizado da teoria da causalidade adequada em uma perspectiva que permita concluir pela existência de uma teoria própria do direito para ela e que ela seja conforme o sistema, respeitando a existência de uma responsabilidade inclusive intergeracional, como no caso dos danos ao meio ambiente.

Fora do direito público ou dos interesses difusos, a análise do nexo causal e da expressão causa direta e imediata, o intérprete se depara diante de uma série de dificuldades tradicionais do sistema de Direito Privado pátrio, consoante já podia ser depreendido do artigo 1.060[2] do CC/1916 e repetido no artigo 403 do CC/2002,[3] a saber: 1ª) se existiria conteúdo único na locução efeito direto e imediato que possibilitaria uma determinação unitária e unificadora do que se entende por causa adequada; 2ª) qual o limite da modificação do que se entende por causa adequada face à tensão de princípios que regulam cada seara do Direito. Assim, fica dependendo o intérprete do resultado da atividade hermenêutica para que a responsabilidade civil cumpra seu desiderato e concretize a Justiça. Hein Kötz e Konrad Zweigert[4] afirmam que *o principal objetivo da disciplina da responsabilidade civil consiste em definir, entre os inúmeros eventos danosos que se verificam quotidianamente, quais deles devam ser transferidos do lesado ao autor do dano, em conformidade com as idéias de justiça e eqüidade dominantes na sociedade.*

Essa assertiva reforça a necessidade de ser conduzido o estudo da responsabilidade civil não somente pela análise exaustiva da conduta do agente e do dano conseqüente, mas, também, de aclararmos as aplicações e restrições de um modelo de relação de causalidade, qual seja, a causalidade adequada, que, salvo juízo diverso – especialmente dos que defendem a idéia de microssistemas –, admitem outras teorias/métodos de análise do nexo de causalidade. Vale dizer que alegam alguns, por exemplo, estar consagrado no CDC uma

---

[2] Art. 1.060. Ainda que a inexecução resulte de dolo do devedor, as perdas e danos só incluem os prejuízos efetivos e os lucros cessantes por efeito dela direto e imediato.

[3] Art. 403. Ainda que a inexecução resulte de dolo do devedor, as perdas e danos só incluem os prejuízos efetivos e os lucros cessantes por efeito dela direto e imediato, sem prejuízo do disposto na lei processual.

[4] ZWEIGERT, Konrad e KÖTZ, Hein. *Introduzione al Diritto Comparato*. Milano: Giuffrè, 1995. v. 2. p. 316. Citação realizada a partir da tradução livre.

solidariedade legal. Como veremos adiante, essa solidariedade legal nada mais é do que implementação da sistemática de aplicação do nexo denominada equivalência das condições, muito utilizada no direito norte-americano.

Quanto à topologia da responsabilidade civil no CC/02, cumpre referir que na Parte Geral, Livro III, foi reservado, ao Título I, os negócios jurídicos, restando, ao Título II, os atos jurídicos lícitos e, ao Título III, algumas disposições gerais acerca dos atos ilícitos (arts. 186 a 188). Esses últimos dispositivos restaram complementados no Título IX (arts. 927 a 954) do Livro I da Parte Especial, denominado "Da Responsabilidade Civil".

Quando se trata de responsabilidade civil, a primeira grande divisão doutrinária e metodológica feita diz respeito à natureza ou fonte que originou o dever de indenizar, ou seja, se é ela oriunda de um contrato ou fato, ato ilícito, ou mesmo lícito, como veremos adiante. Essa distinção é fundamental, pois marca a diferenciação analítica necessária entre o mundo dos contratos e dos fatos, já que no primeiro há uma referência paradigmática totalmente diversa, ou seja, o próprio código nos contratos tipificados, no mais das vezes, se encarrega de estabelecer os limites dos efeitos dos atos dos contratantes. Para a responsabilidade oriunda dos contratos ou da lei, existem diversos preceitos esparsos no Código Civil que estabelecem na espécie e dão os contornos da responsabilidade dos contratantes. A opção do legislador, em verdade, foi no sentido de espraiar os aspectos particulares da disciplina da responsabilidade civil nos diversos contratos em espécie. Não é esse tema de que tratamos, sem que em alguns casos possam ser aproveitadas algumas das ponderações aqui expendidas. Além disso, restaram disposições avulsas para disciplinar certos aspectos particulares[5] (como, por exemplo, os arts. 12,

---

[5] Uma das inovações mais importantes do novo estatuto civilista é o capítulo referente aos direitos da personalidade, introduzido logo nos primeiros artigos do código (arts. 11 a 21). O caráter pedagógico de tal previsão é sobremodo importante, por revelar um novo sistema de valores, uma chave de leitura oferecida ao intérprete já no início do código. Tal previsão pode ser interpretada como um sinal da atenuação do patrimonialismo reinante no Direito Civil clássico, bem como um impulso em direção à desejada repersonalização do Direito Privado. Ou seja, um direito em que a pessoa humana (e sua dignidade existencial) passa a ser colocada no centro do sistema, no lugar do patrimônio.

O *Codice Civile* italiano de 1942 foi o primeiro a disciplinar (embora sucintamente), em forma sistemática, os direitos da personalidade (arts. 5º a 10). No Código Civil português, a matéria é tratada nos arts. 70 a 81. Para uma visão sintética a respeito da sistemática portuguesa, consulte-se PINTO, Carlos Alberto da Mota. *Teoria geral do Direito Civil*. Coimbra: Coimbra, 1985. p. 84-88, 206-213. A respeito da evolução da tutela dos direitos da personalidade na Alemanha, em prisma comparativo, veja-se MARKESINIS, B. S. *The german law of obligations*. 3. ed. V. II: The law of torts: a comparative introduction. Oxford: Clarendon Press, 1997. p. 63 *et seq.*

20, 43, 206, § 3°, inc. V, 398, 406, 1.278, 1.296, 1.311, parágrafo único, 1.385, § 3°, dentre outros).

Embora não o diga expressamente, a sistematização do legislador revela toda a complexidade do abrangente tema da responsabilidade civil. O artigo 186,[6] por exemplo, deve ser lido conjuntamente com o artigo 927, *caput*, pois ambos assentam a regra geral da responsabilidade extracontratual[7] subjetiva por fato ilícito. Já o preceito do artigo 188[8] deve ser compreendido à luz do que dispõem os arts. 929[9] e 930.[10] Da compilação desses dispositivos percebe-se a previsão de hipóteses de responsabilidade civil extracontratual por fato lícito,

---

A tutela dos direitos da personalidade é ampla e variada, abrangendo repressão penal, proteção administrativa, tutela reparatória, preventiva e inibitória. No âmbito restrito da responsabilidade civil, a tutela meramente reparatória muitas vezes revela-se deficiente ou inadequada, motivo pelo qual é justamente em tema de tutela dos direitos de personalidade que mais se percebe a perseverança de instrumentos sancionatórios de tipo punitivo (como a idéia de pena privada), quando não se lograr evitar o dano, através de uma tutela preventiva (que o novo C.C., em seus arts. 12, 20, e 21, corretamente propicia). Sobre a aplicabilidade do instituto das penas privadas para a tutela dos direitos de personalidade, veja-se GALLO, Paolo. *Pene private e responsabilità civile*. Milano, Giuffrè, 1996. p 8-15; e PONZANELLI, Guido. *La responsabilità civile*. Profili di diritto comparato. Bologna: Il Mulino, 1992. p. 15. Sobre os direitos de personalidade em geral, veja-se CAPELO DE SOUZA, Rabindranath V. A. *O direito geral de personalidade*. Coimbra: Coimbra, 1995. p. 485 *et seq*. Em perspectiva constitucionalista, consulte-se BENDA, Ernst. Dignidad humana y derechos de la personalidad. *In*: BENDA, Ernst *et al*. *Manual de Derecho Constitucional*. 2. ed. Madrid: Marcial Pons, 2001. p. 117-144, bem como PINTO, Paulo Mota. Notas sobre o direito ao livre desenvolvimento da personalidade e os direitos de personalidade no direito português. *In*: SARLET, Ingo Wolfgang (Org.). *A Constituição concretizada*: construindo pontes com o público e o privado. Porto Alegre: Livraria do Advogado, 2000. p. 61-83.

[6] Art. 186. Aquele que, por ação ou omissão voluntária, negligência ou imprudência, violar direito ou causar dano a outrem, ainda que exclusivamente moral, comete ato ilícito.

Art. 927. Aquele que, por ato ilícito (arts. 186 e 187), causar dano a outrem, fica obrigado a repará-lo.

[7] Adotamos a classificação tradicional de responsabilidade contratual e extracontratual. No mesmo sentido: CAVALIERI FILHO, Sergio. *Programa de responsabilidade civil*. 6. ed. São Paulo: Malheiros, 2005. p. 38-39. Sustenta a distinção entre responsabilidade negocial e extranegocial: VENOSA, Sílvio de Salvo. *Direito Civil*: responsabilidade civil. 5. ed. São Paulo: Atlas, 2005. p. 30.

[8] "Art. 188. Não constituem atos ilícitos:

I- os praticados em legítima defesa ou no exercício regular de um direito reconhecido;

II- a deterioração ou destruição da coisa alheia, a lesão à pessoa, a fim de remover perigo iminente.

Parágrafo único. No caso do inciso II, o ato será legítimo somente quando as circunstâncias o tornarem absolutamente necessário, não excedendo os limites do indispensável para a remoção do perigo".

[9] "Art. 929. Se a pessoa lesada, ou o dono da coisa, no caso do inciso II do art. 188, não forem culpados do perigo, assistir-lhes-á direito à indenização do prejuízo que sofreram".

[10] "Art. 928. O incapaz responde pelos prejuízos que causar, se as pessoas por ele responsáveis não tiverem obrigação de fazê-lo ou não dispuserem de meios suficientes.

Parágrafo único. A indenização prevista neste artigo, que deverá ser eqüitativa, não terá lugar se privar do necessário o incapaz ou as pessoas que dele dependem".

daí poder ser dito que a ilicitude não é um pressuposto do dever de indenizar. O artigo 187, por sua vez, contém importante preceito, aplicável tanto a direitos absolutos quanto relativos, contratuais ou não, direitos obrigacionais, reais, de família ou outros. O parágrafo único do artigo 927, e arts. 931 e 933, além de outros – fora aqueles que, sustentados por cláusula geral da segunda parte do parágrafo único do artigo 927, referem que "quando a atividade normalmente desenvolvida pelo autor do dano implicar, por sua natureza, risco para os direitos de outrem", como também é o caso, a título meramente exemplificativo, dos arts. 936, 937 e 938[11] – que, de forma expressa, adotam o princípio da responsabilidade civil objetiva.

Assim, podemos notar que em alguns pontos o legislador civilista almejou levantar um cenário mais realista sobre o momento social, político e econômico em que vivemos, abraçando a idéia de progredir de uma responsabilidade subjetiva calcada na culpa para um modelo que visa mais a forma objetiva de análise do fato danoso. A adoção da responsabilidade objetiva, seja balizada pela teoria do *risco-proveito* ou do *risco-criado*, constituiu-se em louvável avanço por parte do legislador e encontra guarida da tábua axiológica constitucional. Cabe declinar ainda que o *risco-proveito* coloca como responsável aquele que tira vantagem econômica de atividade geradora do dano, enquanto aos ditames do *risco-criado* é atribuído o dever de indenizar àquele que simplesmente criou o perigo, tendo essa ideologia sido insculpida quando da redação do artigo 927,

---

"Art. 929. Se a pessoa lesada, ou o dono da coisa, no caso do inciso II do art. 188, não forem culpados do perigo, assistir-lhes-á direito à indenização do prejuízo que sofreram".

[11] "Art. 927. Parágrafo único. Haverá obrigação de reparar o dano, independentemente de culpa, nos casos especificados em lei, ou quando a atividade normalmente desenvolvida pelo autor do dano implicar, por sua natureza, riscos para os direitos de outrem.
(...)
Art. 931. Ressalvados outros casos previstos em lei especial, os empresários individuais e empresas respondem independentemente de culpa pelos danos causados pelos produtos postos em circulação.
(...)
Art. 933. As pessoas indicadas nos incisos I a V do artigo antecedente, ainda que não haja culpa de sua parte, responderão pelos atos praticados pelos terceiros ali referidos.
(...)
Art. 936. O dono, ou detentor, do animal ressarcirá o dano por este causado, se não provar culpa da vítima ou força maior.
Art. 937. O dono do edifício ou construção responde pelos danos que resultarem de sua ruína, se esta provier de falta de reparos, cuja necessidade fosse manifesta.
Art. 938. Aquele que habitar prédio, ou parte dele, responde pelo dano proveniente das coisas que dele caírem ou forem lançadas em lugar indevido".

parágrafo único, do CC/02, segundo Patrícia Ribeiro Serra Vieira.[12] Em ambas as situações, a reparação é feita não porque seja culposo o ato ou a ação desenvolvida pela atividade, mas porque é *causal*. Trata-se, assim, da ideologia da *socialização dos riscos*:

> Não podemos negar que a socialização do direito é um fenômeno da nossa era. O processo de industrialização acarretou o surgimento de novos riscos e a estruturação, em conseqüência, de novos fatores para a ponderação do quantum ressarcitório. A responsabilidade objetiva sustenta em si a noção de seguridade geral, pelo controle do fato tido como causa do dano, para que todos possam suportar os prejuízos que venham a recair sobre qualquer um de nós, a título de riscos da vida em uma sociedade desenvolvida, massificada e com crescente aumento dos acidentes de trabalho, de trânsito e de transporte de consumo, das atividades estatais, ambientais, minerais, dentre outras.[13]

Os danos causados aos consumidores receberam pelo legislador tratamento especial, sendo sua indenizabilidade independente da verificação de culpa, ou seja, os danos oriundos do fato do produto ou serviço são indenizáveis à luz da responsabilidade objetiva. Nesse sentido é a redação dos artigos 12 e 14 do Código de Defesa do Consumidor:

> Art. 12. O fabricante, o produtor, o construtor, nacional ou estrangeiro, e o importador respondem, independentemente da existência de culpa, pela reparação dos danos causados aos consumidores por defeitos decorrentes de projeto, fabricação, construção, montagem, fórmulas, manipulação, apresentação ou condicionamento de seus produtos, bem como por informações insuficientes ou inadequadas sobre sua utilização e riscos.
> Art. 14. O fornecedor de serviços responde, independentemente da existência de culpa, pela reparação dos danos causados aos consumidores por defeitos relativos à prestação dos serviços, bem como por informações insuficientes ou inadequadas sobre sua fruição e riscos.

Cumpre referir a exceção relativa aos profissionais liberais, na medida em que a responsabilidade dos mesmos é subjetiva, mesmo que se trate de relação de consumo, tal como prevê o artigo 14, § 4°, do CDC: "§ 4°. A responsabilidade pessoal dos profissionais liberais será apurada mediante a verificação de culpa".

Mesmo adotada a responsabilidade objetiva, mostra-se necessária a presença do nexo de causalidade para a responsabilização do agente. No CC/02, assim como havia ocorrido em 1916, o nexo causal é definido nos termos da teoria da causalidade adequada. Assim, somente haverá obrigação de reparação se o dano for *causado* pela atividade do agente, independentemente da culpabilidade.[14]

---

[12] VIEIRA, Patrícia Ribeiro Serra. *A responsabilidade civil objetiva no direito de danos*. Rio de Janeiro: Forense, 2004. p. 88-89.

[13] *Ibidem*, p. 88.

[14] Adotada a responsabilidade objetiva, tem-se uma mudança de foco da culpabilidade para a imputabilidade, de modo a esse último conceito abarcar e responsabilizar aquele que com conduta proba causa prejuízo a outrem. VENOSA, Sílvio de Salvo. *Op. cit.*, p. 71.

Lícito é concluir que não basta um mero nexo de causalidade física para caracterizar a responsabilidade pelo risco. Daí porque errôneo seria proclamar que a responsabilidade pelo risco é a mesma responsabilidade pelo resultado. É preciso que se tenha um dano e que este tenha relação com o risco da coisa ou da empresa, da qual o responsável se beneficia.[15]

Com a devida vênia, cumpre referir que o legislador, ao tratar do nexo de causalidade, nem sempre andou bem, pois, ao estabelecer, por exemplo, no artigo 735,[16] que a culpa de terceiros não é motivo para a elisão da responsabilidade do agente transportador de pessoas, superou a noção de responsabilidade objetiva para adotar a responsabilidade pelo risco-integral, dispensando-se, inclusive, a prova do nexo de causalidade, de modo a contrariar a prescrição constitucional do artigo 37, § 6°, dedicada ao Estado, donde permissionários e concessionários desse ramo da economia de serviços públicos são diretamente atingidos.

Temos que lembrar que a Constituição Federal, em seu artigo 37, § 6°,[17] preceitua que a responsabilidade civil do Estado e dos seus prepostos e daqueles que agem na condição de concessionários ser objetiva.[18] Tal qual posto no CC/02, há um conflito sistêmico na in-

---

Anota Pietro Trimarchi que a idéia de responsabilidade subjetiva foi amplamente aceita no século XIX, sendo, todavia, excetuada no *Code Napoléon*, quando da admissão da responsabilidade objetiva no que tange a danos causados pelos filhos a serem ressarcidos pelos pais e pelos empregadores, quando da ocorrência de atos lesivos de empregados. TRIMARCHI, Pietro. *Rischio e responsabilità oggettiva*. Milano: Giuffrè, 1961. p. 11.

[15] MONTENEGRO, Antonio Lindberg C. *Responsabilidade civil*. Rio de Janeiro: Lumen Juris, 1996. p. 29.

[16] Foi repetido pela Lei Civil o disposto na súmula 187 do STF ao preceituar que: "Art. 735. A responsabilidade contratual do transportador por acidente com o passageiro não é elidida por culpa de terceiro, contra o qual tem ação regressiva".

[17] "Art. 37. A administração pública direta e indireta de qualquer dos Poderes da União, dos Estados, do Distrito Federal e dos Municípios obedecerá aos princípios de legalidade, impessoalidade, moralidade, publicidade e eficiência e, também, ao seguinte: (...)
§ 6°. As pessoas jurídicas de direito público e as de direito privado prestadoras de serviços públicos responderão pelos danos que seus agentes, nessa qualidade, causarem a terceiros, assegurado o direito de regresso contra o responsável nos casos de dolo ou culpa".

[18] Pela adoção da responsabilidade objetiva do Estado, decidiu o Superior Tribunal de Justiça em acórdão que elucidativamente define os contornos da questão: "1. A responsabilidade civil do Estado é objetiva; vale dizer, independe da culpa, posto não ser subjetiva. Assentou-se na venda a *non domino*, o que implica o fenômeno objetivo da evicção, cujos conceitos são respeitados pelo direito privado. A extensão da responsabilidade não é (...) Pela Constituição, que aduz aos prejuízos, circunstância que depende de prova do *an debeatur*. In casu, à míngua de prova objetiva, também exigível em contrapartida à responsabilidade e sem indagação de culpa do Estado, não se entrevê ilegalidade na devolução do preço, juros, correção e (*omissis*). Deveras, a responsabilidade objetiva e a subjetiva não se distinguem pela extensão do dano, senão pelo elemento subjetivo, dispensável quando se trata de ilícito perpetrado pelo Estado. Por isso, a indenização pleiteada pelos autores, em razão da alienação promovida pelo Estado do Paraná de terras de domínio da União (venda a *non domino*), deve ser solucionada

terpretação da norma civilista, ou seja, a interpretação conforme a Constituição[19] encontra resultado diverso da exegese literal, de forma a ser conferido ao dispositivo infraconstitucional alcance mais restritivo quando o transportador de pessoas estiver prestando serviço público, o que nos parece mais razoável num primeiro momento. Assim, podemos afirmar que houve mutações importantes na seara da responsabilidade civil, a exemplo das expostas acima.

Cumpre, assim, examinar as modificações e inter-relações entre os diplomas pertinentes à responsabilidade civil, bem como sua interação com a sociedade, especialmente no que tange ao nexo de causalidade.

Após essas ponderações, pode ser dito que o *liame existente entre a ação/omissão realizada pelo agente causador de um dano e o resultado daquela* é o que pode ser denominado de *nexo de causalidade*.

---

levando-se em conta a responsabilidade objetiva da Administração, prevista no art. 37, § 6º da Constituição Federal. 2. Destarte, a reparação do dano aqui pleiteada não pode ser realizada nos moldes do ilícito absoluto (art. 159 do Código Civil), posto não se tratar o objeto da indenização de um bem dominical da União, pertencente ao patrimônio disponível da Administração, mas, sim, de um bem afetado à finalidade pública específica (segurança nacional), indisponível *per se*. 3. Na Teoria do Risco Administrativo, adotada pelo Brasil, a culpa é inferida do fato lesivo da Administração, motivo pelo qual é suficiente que a vítima demonstre o ato administrativo injusto, o dano e nexo de causalidade existentes entre eles. Referida teoria baseia-se no risco que a atividade pública gera aos particulares e na possibilidade de acarretar dano a certos membros da comunidade. 4. O quantum a ser fixado na ação de indenização deve assegurar a justa reparação do prejuízo calcado nos cânones da exemplariedade e solidariedade, princípios estes informadores de toda a teoria objetiva, fundamentada no risco, sem proporcionar enriquecimento sem causa do autor. A doutrina sobre o tema preconiza essa proporção assentando que: "A indenização deve abranger todo dano, só o dano, nada mais do que o dano, excluindo-se, *in casu*, os lucros cessantes, ante a ausência de prova de que os autores ocupavam as terras. 5. Deveras, o princípio da *a restitutio in integrum*, informada pela máxima consagrada de que ninguém deve enriquecer à custa alheia (*nemo locupletari potest alterius jactura*) o que produziria o desnível ou descompensação entre dois patrimônios, um elevando-se, outro diminuindo, sem causa justificadora, impõe-se solução jurídica adequada, reconduzir o prejudicado à situação anterior ao dano. 6. Por fim, reitere-se que a diferença entre a eleição da responsabilidade objetiva do estado ou sua responsabilidade subjetiva repousa no ônus da prova, do qual se exonera o lesado, sendo-lhe mais favorável a primeira causa *petendi*, mercê de inalterável a indenização que, aliás, foi-lhe concedida. 7. Dessa sorte, não houve infração à Lei, senão irresignação dos autores quanto ao resultado da ação, o que descaracteriza o cabimento da ação rescisória, posto voltado para decisões ilegais e não injustas. 8. A injustiça é reparável pela via dos recursos, insubstituíveis pela ação rescisória, posto pressupor esta o trânsito em julgado. Ademais, é de sabença que o trânsito em julgado tem como escopo a estabilidade e a segurança sociais, por isso que não se desconstitui a coisa julgada por mera irresignação ou suposto *error in judicando*, salvo quando a decisão de solidifica com alto grau de imperfeição como aqueles mencionados como causa *petendi* da ação autônoma de impugnação. 9. Ação rescisória improcedente. (STJ – AR 1438 – PR – 1ª S. – Rel. Min. Luiz Fux – DJU 10.05.2004 – p. 158)".

[19] Ver sobre o tema da interpretação obras como: FREITAS, Juarez. *A interpretação sistemática do Direito*. 4. ed. São Paulo: Malheiros, 2004; FACCHINI NETO, Eugênio. Reflexões histórico-evolutivas sobre a constitucionalização do Direito Privado. In: SARLET, Ingo Wolfgang (Org.). *Constituição, direitos fundamentais e Direito Privado*. Porto Alegre: Livraria do Advogado, 2003.

Sergio Cavalieri Filho[20] define o nexo causal nos seguintes termos: "É o vínculo, a ligação ou relação de causa e efeito entre a conduta e o resultado", enquanto Sílvio de Salvo Venosa[21] advoga que o conceito em tela "é o liame que une a conduta do agente ao dano". Entre um dano efetivo e um agente, há uma ação que deva corresponder ao prejuízo. A idéia de que a cada ação corresponde uma reação não é privilégio do mundo da ciência Física. O Direito abraçou essa máxima para incorporá-la ao mundo da responsabilidade civil, sendo ela condição para a reparação, ou seja, é elemento essencial para tornar indene ato de quem quer que seja, tendo esse relação de causa e efeito com o dano sofrido.

Fernando Pessoa Jorge[22] apresenta três teorias significativas para entendimento do nexo de causalidade, as quais formariam o triunvirato, que são as seguintes: a) a teoria da equivalência das condições; b) a teoria da última condição; e a mais importante, no seu entender, c) a teoria da causalidade adequada. Será priorizado o estudo dessa última, pois, na análise do ilustre civilista, é ela a mais adequada e completa formatação para o entendimento deste pressuposto.

A princípio, o Direito brasileiro elegeu a causalidade adequada,[23] afastando-se nesse aspecto do Direito Penal (art. 13), do qual a responsabilidade civil é tão ligada, pois a formulação elaborada por von Kries[24] pretende retirar dos fatos a causa que for mais apta a produzir concretamente o resultado.

---

[20] CAVALIERI FILHO, Sergio. *Op. cit.*, p. 71.

[21] VENOSA, Silvio de Salvo. *Op. cit.*, p. 53.

[22] JORGE, Fernando Pessoa. *Ensaio sobre os pressupostos da responsabilidade civil*. Coimbra: Almedina, 1999. Trazemos uma das elucidações do autor sobre a teoria da causalidade adequada (p. 394): "O problema do nexo de causalidade, em matéria de responsabilidade civil, põe-se sempre, como assinalamos, depois de praticado o facto lesivo e, em regra, depois de produzido o dano, o que suscita a seguinte dúvida: sendo o juízo de probabilidade um juízo de previsão, como é possível formulá-lo em relação a factos passados? Respondem os autores: trata-se, na verdade, de um juízo feito *ex post*, mas colocando-se, por abstração, o julgador no momento da prática do facto e decidindo-se os prejuízos, que se verificaram, eram prováveis conseqüências daquele; faz-se, portanto, um prognóstico *a posteriori*. Este juízo permite excluir os efeitos que, embora se tenham dado porque ocorreu certo facto, não eram conseqüências normais dele e se devem, por isso, considerar resultado de uma evolução extraordinária, imprevisível e, portanto, improvável do referido facto. É este, no fundo, o escopo da teoria da causalidade adequada: afastar do campo da responsabilidade os danos provocados por aquilo a que podemos chamar desvios fortuitos. Voltaremos mais adiante a este ponto".

[23] CAVALIERI FILHO, Sergio. *Op. cit.*, p. 72; VENOSA, Sílvio de Salvo. *Op. cit.*, p. 54; VIEIRA, Patricia Ribeiro Serra. *Op. cit.*, p. 52. Sérgio Cavalieri Filho aduz também ter sido a teoria da causalidade adequada adotada na Itália, França e Argentina (CAVALIERI FILHO, Sergio. *Op. cit.*, p. 76-77). Contra: COMPAGNUCCI DE CASO, Rubén H. *Responsabilidad civil y relación de causalidad*. Buenos Aires: Astrea, 1984. p. 39-40.

[24] Importante gizar que von Kries não foi jurista, mas fisiólogo. COSTA JÚNIOR, Paulo José da. *Nexo causal*. 2. ed. São Paulo: Malheiros, 1996. p. 87.

Na codificação civil pátria, sem divergir de outros países que estruturaram seu Direito na cultura romano-germânica, também foi adotada a teoria da causalidade adequada. Dispõe o artigo 403 do CC/02, o seguinte:

> Ainda que a inexecução resulte de dolo do devedor, as perdas e danos só incluem os prejuízos efetivos e os lucros cessantes por efeito dela direto e imediato, sem prejuízo do disposto na lei processual.

Vê-se, pois, que na menção de um "efeito dela direto e imediato" fica claro que não é qualquer causa que será objeto de apreciação como nexo de causalidade, mas sim a causa direta e imediata capaz de gerar um dano e as conseqüências dele advindas. Serve o nexo de causalidade como fator de imputação do dever de indenizar.

João de Mattos Antunes Varela[25] observa que:

> Não basta que a causa seja condição *sine qua non* do prejuízo, é preciso que constitua, em abstrato, uma causa adequada para o dano. Nossa jurisprudência tem efetivado a teoria da causalidade adequada, dando conta da necessidade de uma relação de causalidade adequada entre fato e dano quando o ato ilícito praticado pelo agente seja de molde a provocar o dano sofrido pela vítima, segundo o curso normal das coisas e a experiência comum da vida.[26]

---

[25] ANTUNES VARELA, João de Mattos. *Das obrigações em geral.* Coimbra: Almedina, 2003. p. 617.

[26] "Tratando-se somente de perdas e danos no faturamento da empresa ante a publicação de anúncio com número de telefone de contato equivocado, é imprescindível a comprovação do efetivo prejuízo material e do nexo causal, que não se presumem. Recurso não conhecido. (STJ – REsp 545483 – RS – 4ª T. – Rel. Min. Cesar Asfor Rocha – DJU 24.11.2003 – p. 325)".

"1. Desnecessária a prova da não utilização de roupas especiais e da ausência de orientação sobre os cuidados a serem tomados na limpeza da área contaminada pelo césio 137 para a configuração da responsabilidade estatal, bastando para tanto a execução da referida limpeza pela vítima e o resultado morte decorrente de moléstia que pode ter sido adquirida em razão dessa atividade. 2. A única possibilidade de afastamento da responsabilidade do Estado, no caso, consistiria na prova da ausência do nexo de causalidade entre o fato e o dano, prova essa da qual a CNEN não se desincumbiu. Inexistência de suposta contradição na aplicação da teoria do risco administrativo. 3. Não configura omissão do acórdão embargado a ausência de remissão às Leis nº 4.118/62 e 6.891/74, pois não cabe a este Juízo o dever de esclarecer a embargante sobre a finalidade para a qual foi criada, tampouco estando obrigado a responder a questionário feito pela parte. 4. A redução da indenização pelo dano moral não implica, necessariamente, redução da verba honorária, não havendo omissão em relação a esse aspecto, pois a sentença recorrida foi expressamente mantida, excepcionado apenas o valor da indenização pelo dano moral. 5. Não é aplicável a disposição do art. 5º do novo Código Civil (diminuição da maioridade para 18 anos) à hipótese dos autos, pois inexistente à época do fato e da sentença. Embargos dos autores. 6. Trecho do acórdão que se reporta à lide diversa da discutida nos autos configura erro material corrigível via embargos de declaração. 7. O acórdão embargado em nenhum momento afirma ter o evento danoso sido ocasionado por caso fortuito ou afasta a responsabilidade objetiva da autarquia apelante, razão pela qual não há que se falar em contradição ou julgamento contra a prova dos autos. 8. A disciplina sobre os efeitos da antecipação de tutela concedida na sentença foi dada pelo julgamento do AG 2002.01.00.027953-0/GO, não havendo omissão a ser suprida neste ponto. 9. Quando o acórdão afirma: "Quanto ao mais, mantenho a sentença recorrida", significa, por óbvio, que tudo o que restou decidido pela sentença recorrida fica mantido, exceto o aspecto em que foi expressamente reformada, no caso,

Nessa altura revela-se importante mencionar a dificuldade de compatibilização entre o artigo 403 do CC/02 e alguns dispositivos do CDC, eis que a exegese literal deste último revela a existência de uma fissura no sistema até aqui sustentado como único no arcabouço legal brasileiro. Isso ocorre porque no Código de Defesa do Consumidor a formulação para a relação de causalidade indica aos incautos uma outra sistemática de conexão entre dano e agente, qual seja, uma idéia mista entre as teorias do risco-integral e da equivalência das condições ou, como denominam alguns, uma solidariedade legal[27] para os participantes da cadeia produtiva ou de serviços.

A importância de identificação correta do causador no sentido prescrito pela Lei é destacada por Jorge Bustamate Alsina,[28] quando assevera que existe uma necessidade da conformação do nexo de causalidade sob pena de responsabilizar a pessoa errada pelo dano causado, sendo suas ponderações as que seguem:

> [...] há necessidade da existência do nexo de causalidade pois de outro modo se estaria atribuindo a uma pessoa o dano causado por outro. Por isto a relação causal é um elemento do ato ilícito e do incumprimento contratual que vincula o dano diretamente com o ato, e indiretamente com o elemento de imputação subjetiva ou de atribuição objetiva. É o fator aglutinante que faz com o dano e a culpa, ou no seu caso o risco, integrem-se em uma unidade do ato que é fonte da obrigação de indenizar. É um elemento objetivo porque alude a um vínculo externo entre o dano e o ato da pessoa ou da coisa.

Somente é gerada a responsabilidade ao aliar a ação/omissão (conduta) ao dano. Há possibilidade de atribuição de responsabilidade apenas quando se mostrar viável a conexão entre estes dois elementos (conduta comissiva ou omissiva e dano), sob pena de, não a fazendo, forçar pessoa errada a indenizar, o que não se coaduna

---

no que tange ao valor da indenização por danos morais. 10. Embargos de declaração da CNEN rejeitados. 11. Embargos de declaração dos autores parcialmente acolhidos, para correção do erro material. (TRF 1ª R. – AC 35000124970 – GO – 5ª T. – Rela. Desa. Fed. Selene Maria de Almeida – DJU 16.12.2003 – p. 06)".

[27] CARVALHO, Manuel da Cunha. Produtos seguros, porém defeituosos: por uma interpretação do art. 12 do Código de Defesa do Consumidor. *Revista de Direito do Consumidor*, São Paulo, n. 5, p. 42, jan./mar. 1993.

[28] ALSINA, Jorge Bustamate. *Teoría general de la responsabilidade civil*. Buenos Aires: Abeledo-Perrot, 1979. p. 217. No original, a citação tem o seguinte texto: "Es necesaria la existencia de ese nexo de causalidad pues de otro modo se estaría atribuyendo a una persona el dano causado por otro. Por ello la relación causal es un elemento del acto ilícito y del incumplimiento contractual que vincula el dano directamente con el hecho, e indirectamente con el elemento de imputación subjectiva o de atribución objetiva. Es el factor aglutinante que hace que el dano y la culpa, o en su caso el riesgo, se integren en la unidad del acto que es fuente de la obligación de indemnizar. Es un elemento objetivo porque avlde a un vínculo externo entre el dano y el hecho de la persona o de cosa".

nem como uma idéia de justiça comutativa nem distributiva.[29] Do contrário, estaríamos diante de manifesta injustiça. Os limites da segurança jurídica estão justamente impondo a necessidade de limites legais à condenação ao dever de indenizar, que, através do processo legal, impõe-se como medida de concretização do princípio da legalidade e como forma de persecução do cumprimento estrito do dever comum a todos de não lesionar outrem.

Rodière pondera que "todo sistema de responsabilidade requer uma relação de causa e efeito". Porém, afirma ele que é nessa relação que surge a diferença entre a teoria subjetiva e a objetiva:

> "se é fundada na culpa, o vínculo deve unir a culpa ao dano sofrido; se é fundada no risco, o vínculo deve conduzir do fato gerador do risco ao dano cuja reparação é pleiteada". Pondera ainda que: "impõe-nos como uma necessidade inelutável que o efeito danoso somente pode ser reparado pelo autor de um fato antecedente".[30]

É a imposição e necessidade da *causalidade*.

Fica claro, portanto, em qualquer instância da análise que possa ser feita, que o nexo de causalidade é elemento fundamental na responsabilidade civil, merecendo tratamento diverso daquele que lhe foi dispensado até o momento. Fica clara a necessidade de identificar as mudanças sofridas pelo *direito de danos* ao longo dos tempos, com especial atenção ao Código Civil de 2002 e ao Direito Ambiental, dentro de uma opção conceitual de Direito Privado, especialmente quanto à responsabilidade civil emanada das relações privadas.

Não pode ser olvidado nesse ínterim que qualquer análise, tanto das teorias de nexo de causalidade como a sua aplicação, deve passar por uma escolha metodológica sobre qual concepção de Direito Privado está adstrito o Direito pátrio. De outra sorte, o Direito Ambiental, em razão de ser predominantemente público, será analisado à luz do mesmo conceito de Direito; porém, restarão aplicados os princípios próprios do Direito Ambiental, especialmente os da precaução, prevenção e poluidor-pagador em consonância com os demais preceitos constitucionais e legais sobre a matéria.

---

[29] Na perspectiva aristotélico-tomista há duas espécies de justiça particular. A justiça corretiva/comutativa determina que todos envolvidos em relações contratuais ou fatos extracontratuais dêem o equivalente ao que receberam, bem como indenizem na medida em que prejudicarem. A segunda espécie de justiça particular, a distribuição, trata da alocação de recursos, honrarias etc. dentre as pessoas de determinada sociedade. Cumpre esclarecer que distribuição será utilizada no presente estudo como sinônimo de alocação; porém, os economistas sustentam haver manifestas diferentes entre ambas, mas o objeto da presente pesquisa não permite maior argumentação a respeito deste tema bastante específico e tormentoso.

[30] RODIÈRE, *apud* PEREIRA, Caio Mario da Silva. *Responsabilidade civil*. Rio de Janeiro: Forense, 1992. p. 287.

Escapa do escopo precípuo deste trabalho a definição das razões que norteia o Direito Privado e o Direito Ambiental, sendo a via eleita mera hipótese para viabilizar o estudo em tela. Não tem, portanto, o presente trabalho a pretensão de uma explicação definitiva do *direito de danos* contemporâneo. Assim, fica desde já definida como a perspectiva eleita como diretriz da presente pesquisa a escola *aristotélico-tomista*, nos termos explicitados adiante neste estudo.

1. As premissas metodológicas

Para a devida compreensão da causalidade, faz-se necessária a abordagem interdisciplinar da relação causa-efeito a fim de se evitar uma perspectiva reducionista do estado em que se põe a questão. O presente trabalho neste capítulo assentará as bases da definição do nexo de causalidade, partindo de sua compreensão naturalística, seguida de sucinta abordagem filosófica. Relegamos ao capítulo segundo uma análise mais completa do nexo de causalidade no Direito brasileiro dentro de uma opção teórica de Direito Privado e de responsabilidade civil na seara ambiental; posteriormente, de forma sucinta, será examinada a tutela dos bens ambientais.

1.1. Causalidade nas ciências naturais

O homem vive em um mundo de mutação constante, onde é modificado e também modifica. Essa interação constitui um incessante processo de causa-efeito que consiste na transformação dos objetos naturalisticamente concebidos e que não é – e nem deveria ser – ignorada pela ordem jurídica.

A causalidade jurídica nem sempre coincide com a causalidade física, adverte Paulo José da Costa Júnior.[31] O mesmo entendimento é expresso por Isidoro H. Goldenberg,[32] que assinala que, se traçássemos duas linhas paralelas entre as causalidades fática e jurídica, encontraríamos ampliações e reduções do processo de sucessão de fatos que revelariam a disparidade entre as duas realidades. Mais pode ser dito. No Direito Ambiental de danos, essas linhas poderão ter antagonismos ainda maiores, restando, porém, limites para essas disparidades, quais

---

[31] COSTA JÚNIOR, Paulo José da. *Op. cit.*, p. 65.
[32] GOLDENBERG, Isidoro H. *La relación de causalidad en la responsabilidad civil.* Buenos Aires: La Ley, 2000. p. 9.

sejam, os limites da Justiça. No Direito Privado, a idéia de causalidade sofre uma restrição em pontos que são menos sentidos em relação ao interesse público, enquanto nas searas consumerista e trabalhista, a idéia de causalidade reaproxima-se da física, quando se dispensa a previsibilidade dos efeitos em relação à conduta do causador.

A idéia acima esboçada já adianta a complexidade de traçar as primeiras linhas sobre o que pode ser entendido como causa.

Sabendo-se que a noção de causa deriva da Filosofia e das Ciências Naturais, não é lícito ao intérprete do Direito redefinir seus termos para manipulá-lo conforme os ditames do ordenamento jurídico. Urge, assim, a necessidade de busca de univocidade do conceito. A delineação do conceito não afasta a sua compreensão dentro do sistema normativo; giza-se apenas a inviabilidade de ser entendido de formas diversas, sob pena de criar-se uma causa supranatural.[33] Nessa senda, Dilthey advertiu que "a natureza se explica; a cultura se compreende".[34] Cavalieri Filho[35] sustenta que "o conceito de nexo causal não é jurídico; decorre das leis naturais". Ao fazê-lo, o autor remete à indispensabilidade do respeito ao caráter ontológico de causa e de resultado.

Depreende-se do exposto a instrumentalidade da concepção de causa em seu caráter factual; no entanto, como será demonstrado adiante, no item 1.3, o ingresso desse elemento no espectro jurídico remete a uma revisão do termo em tela, pois, uma vez dimensionado um fato como jurídico, incide todo um plexo axiológico-deôntico.[36]

A seguir será abordado o aspecto filosófico do assunto, de modo a analisar questões de cunho naturalístico que suscitam grandes temas contemporâneos, e procurar-se-á revelar que a discussão do nexo causal durante toda história da filosofia é preponderantemente um debate sobre lógica.

1.2. Causalidade na filosofia

O debate sobre causalidade é bastante antigo e remonta à origem de todas as coisas, ou seja, busca a origem do universo. Discu-

---
[33] DILTHEY, apud GOLDENBERG, Isidoro H. Op. cit., p. 10-11.
[34] GOLDENBERG, Isidoro H. Op. cit., p. 12.
[35] CAVALIERI FILHO, Sergio. Op. cit., p. 71.
[36] VILANOVA, Lourival. Causalidade e relação no Direito. 4. ed. São Paulo: Revista dos Tribunais, 2000. p. 8.

te-se qual a *prima causa*, aquela que por sua vez não teve fato algum antecedente e que iniciou tudo que existe.[37]

Entre os filósofos pré-socráticos, foram vários os que enfrentaram a inquietante indagação sobre a gênese do ser humano e do mundo onde vivemos. Anaximandro distinguiu o *ápeiron* como elemento formador e originário do universo, substância esta caracterizada pela natureza indeterminada e intangível que não se confunde com a água, a terra, o ar ou o fogo.[38] Tales de Mileto apontou a água que se manifesta em seus diversos estados, mas sendo ainda um mesmo elemento, como princípio de todas as coisas.[39] Anaxímenes e Diógenes sustentaram ser o ar o começo da matéria.[40]

Aristóteles iniciou o estudo científico do causalismo e definiu basicamente quatro causas,[41] nos seguintes termos:

Os significados de causa:
1. Causa, num sentido, significa a matéria de que são feitas as coisas: por exemplo, o bronze da estátua, a prata da taça e seus respectivos gêneros.
2. Em outro sentido, causa significa a forma e o modelo, ou seja, a noção da essência e seus gêneros; por exemplo, na oitava a causa formal é a relação de dois para um e, em geral, o número. E (causa neste sentido) são também as partes que entram na noção de essência.
3. Ademais, causa significa o princípio primeiro da mudança ou do repouso; por exemplo, quem tomou uma decisão é causa, o pai é causa do filho e, em geral, quem faz é a causa do que é feito e o que é capaz de produzir mudança é causa do que sofre mudança.
4. Além disso, a causa significa o fim, quer dizer, o propósito da coisa: por exemplo, o propósito de caminhar é a saúde. De fato, por que outro motivo se caminha? Respondemos: para ser saudável. E dizendo isso consideramos ter dado a causa do caminhar. E o mesmo vale para todas as coisas que são movidas por outro e são intermediárias entre o motor e o fim; por exemplo, o emagrecimento, a purgação, os remédios, os instrumentos médicos são todos causas da saúde. Com efeito, todos estão em função do fim e diferem entre si enquanto alguns são instrumentos e outros são ações.[42]

---

[37] COSTA JÚNIOR, Paulo José da. *Op. cit.*, p. 67.
[38] ALMEIDA, Guilherme Assis de; BITTAR, Eduardo C. B. *Curso de Filosofia do Direito*. 4. ed. São Paulo: Atlas, 2005. p. 31; GOLDENBERG, Isidoro H. *Op. cit.*, p. 3.
[39] *Ibidem*, p. 31.
[40] ARISTÓTELES. *Metafísica*. Madrid: Gregos, 1998, p. 82; ALMEIDA, Guilherme Assis de; BITTAR, Eduardo C. B. *Op. cit.*, p. 31; GOLDENBERG, Isidoro H. *Op. cit.*, p. 3.
[41] ARISTÓTELES. *Op. cit.*, 82; LALANDE, André. *Vocabulário técnico e crítico da Filosofia*. São Paulo: Martins Fontes, 1999. p. 142; MACINTYRE, Alasdair. *Justiça de quem? Qual racionalidade?* 2. ed. São Paulo: Loyola, 2001. p. 114; MARTINS-COSTA, Judith. *A boa-fé no Direito Privado*. São Paulo: Revista dos Tribunais, 1999. p. 82.
[42] ARISTÓTELES. *Metafísica*. 2. ed. Tradução para o italiano de Giovanni Reale e para o português de Marcelo Perine. São Paulo: Loyola, 2005. V. II. p. 191.

Alasdair MacIntyre aduz que:

> Um segundo aspecto da filosofia de Aristóteles foi importante na formação das tradições aristotélicas particulares que floresceram nas comunidades islâmicas, judaicas e cristão-medievais. É central, na minha argumentação, o fato de que a pólis, e na verdade uma concepção particular da pólis, forneceu o esquema no qual Aristóteles desenvolveu sua compreensão de justiça, do raciocínio prática e da relação entre eles. Mas isto não pode ocultar o fato de que Aristóteles compreendeu o movimento da potencialidade humana para sua atualização dentro da pólis como exemplo do caráter metafísico e teológico de universo perfectível. O seu universo é universo hierarquicamente estruturado – é por isto que estrutura hierárquica das ciências é apropriada para uma compreensão realista de tal universo – e cada nível da hierarquia fornece a matéria na qual e através da qual as formas do próximo nível superior se atualizam e aperfeiçoam. O físico fornece o material para a formação biológica, o biológico, o material para a formação humana. As causas eficiente e material servem às causas final e formal.[43]

Tomás de Aquino discerniu as causas entre *directa* e *indirecta*, sendo a primeira aquela que produz efeito e a segunda a que deixa se realizar algo.[44]

René Descartes, filósofo que sustentou ser a dúvida o meio de persecução da verdade,[45] definia a causa como sinônimo de razão, *ratio*.[46] Diferentemente de Aristóteles, a razão ou verdade de um juízo, no método cartesiano, reside no que lhe confere sentido; trata-se da premissa da qual é deduzido.[47]

Desenvolvendo concepções cartesianas, Leibniz advoga que "a causa não é mais do que uma razão real". Posteriormente, tal acepção foi desenvolvida por Wolff, Schopenhauer e Malebtrache.[48]

Autor que deu grande contribuição ao que hoje se entende tradicionalmente por causa e seguidor de Galileo Galilei foi Thomas Hobbes, com quem ganhou força a idéia de que causa é todo aquele fato sem o qual determinado efeito não se produziria. Esse pensador, desenvolvendo investigações realizadas por Galileo, formula a teoria da equivalência das condições ao definir a causa *sine qua non*.[49]

David Hume, filósofo escocês que defendeu o abandono da supremacia da razão e buscou a reconstrução do conhecimento humano a partir de bases sensoriais, lançou em Londres, no ano de 1748,

---

[43] MACINTYRE, Alasdair. *Op. cit.*, p. 114.
[44] COSTA JÚNIOR, Paulo José da. *Op. cit.*, p. 67.
[45] ALMEIDA, Guilherme Assis de; BITTAR, Eduardo C. B. *Op. cit.*, p. 33.
[46] COSTA JÚNIOR, Paulo José da. *Op. cit.*, p. 67.
[47] *Ibidem*, p. 67-68.
[48] LEIBNIZ, Gottfried Wilhelm. *Apud* COSTA JÚNIOR, Paulo José da. *Op. cit.*, p. 68.
[49] GOLDENBERG, Isidoro H. *Op. cit.*, p. 5.

a obra "Investigação Sobre o Conhecimento Humano" (*An enquiry concerning human understanding*), que constitui um dos mais completos estudos sobre o problema da causalidade.[50]

Kant sustentou que "o conceito de causa significa uma particular modalidade de síntese, na qual a qualquer coisa, A, se opõe, segundo uma regra, qualquer coisa inteiramente diferente, B".[51] Goldenberg[52] assinala que Kant, no que tange à gnoseologia da causa, é partidário dos ensinamentos de Hume; de outra banda, Paulo José da Costa Júnior[53] observa que as idéias do filósofo alemão contrapõem-se às do empirista escocês mencionado.

Após essa brevíssima incursão pela história da causa na Filosofia, é necessário trazer à baila os contornos atuais do que se entende por causa. É interessante notar, nos dias de hoje, a existência de uma enorme gama de pontos de convergência entre as acepções naturalística e filosófica de nexo causal.

A teoria do Big Bang define o início do universo como uma explosão ocorrida em menos de um trilhonésimo de segundo, seguida de uma expansão contínua, repetindo o que já havia sido afirmado pelos gregos milênios atrás.[54]

A pergunta natural face ao fenômeno descrito seria: o que havia antes do Big Bang? Einstein esboça uma resposta ao aduzir que não há tempo sem espaço; logo, não havendo matéria, não pode ter havido momento precedente à explosão.[55]

Stephen Hawking,[56] ao discorrer sobre o Big Bang e os buracos negros, afirmou a inexistência de um princípio e fim do universo. Essa afirmação está baseada na superação de que o tempo, assim como o espaço, seria absoluto, sendo o mesmo relativo – a tese não é inédita nesse ponto, visto que Einstein já diferenciava tempo objetivo e relativo.[57]

Hawking questiona a possibilidade de ser construída uma teoria unificada completa de todo o universo.[58] Assevera a existência

---

[50] GOLDENBERG, Isidoro H. *Op. cit.*, p. 5; ALMEIDA, Guilherme Assis de; BITTAR, Eduardo C. B. *Op. cit.*, p. 254-255.

[51] LALANDE, André. *Op. cit.*, p. 144.

[52] GOLDENBERG, Isidoro H. *Op. cit.*, p. 5.

[53] COSTA JÚNIOR, Paulo José da. *Op. cit.*, p. 68.

[54] GOLDENBERG, Isidoro H. *Op. cit.*, p. 6.

[55] *Ibidem. Op. cit.*

[56] HAWKING, Stephen. *Historia del tiempo*: del big bang a los agujeros negros. 2. ed. Buenos Aires: Crítica, 2002. p. 71.

[57] *Ibidem*, p. 41. Hawking alude a dois defensores do caráter absoluto do tempo e do espaço: Aristóteles e Newton. *Ibidem*, p. 35-37.

[58] *Ibidem*, p. 7.

de três possibilidades: a) há uma teoria unificada completa que um dia pode vir a ser descoberta; b) não existe uma teoria unificada do universo, senão uma sucessão de explicações cada vez mais precisas sobre o mesmo; e c) não pode haver uma teoria desse tipo, uma vez que não pode ser precisada a ordem dos acontecimentos além de certo ponto.

Esta última hipótese, denominada teoria antrópica, é, para Brian Greene, uma "saída de emergência" para aqueles que, não podendo resolver uma questão, simplesmente afirmam que as coisas são como são, porque, se não fossem assim, não estaríamos aqui para tentar respondê-las, sendo que, ao agirem assim, esquivam-se de perguntas que ao longo do tempo poderão vir a ser respondidas.[59]

O estado atual da causa no aspecto da Física teórica contribui para que no âmbito jurídico examine-se o fato em termos de probabilidade, de modo a abandonar um determinismo rígido e, ao mesmo tempo, asseverar que continua sendo essencial ao operador jurídico o exame do nexo de causalidade. As premissas assentadas anteriormente servirão para embasar a teoria da causalidade adequada de von Kries, que será apresentada no item 3.6.

A seguir será apreciado o liame causal no sistema jurídico, de modo a completar o exame das premissas metodológicas da pesquisa.

---

[59] REVISTA Scientific American Brasil, São Paulo: Duetto, a. 2, n. 20, p. 57, jan. 2004.

2. Diretrizes hermenêutico-filosóficas para aferição do nexo de causalidade no Direito Privado brasileiro

Neste capítulo será abordada a relação entre a filosofia do Direito Privado e a perspectiva hermenêutico-sistêmica, de modo a ser analisado o nexo de causalidade no ordenamento jurídico brasileiro, especialmente quanto às relações privadas.

2.1. As diferentes concepções de Direito Privado e o nexo de causalidade

A evolução do Direito Privado impõe a necessidade de estudo do instituto da responsabilidade civil, na qual as esferas pública e privada se aproximam e se interseccionam.[60] Essa fase do Direito Privado está representada pelo novo panorama instituído pelo Código de Defesa do Consumidor, pelo Código Civil de 2002 e pelo arcabouço legislativo protetivo do meio ambiente e do consumidor, nos quais ficou evidenciada a restrição à liberdade das partes em favor da sociedade e de uma ênfase na pessoa e em seu bem-estar,[61]

---

[60] LUDWIG, Marcos de Campos. Direito público e direito privado: superação da dicotomia. *In*: MARTINS-COSTA, Judith (Org.). *A reconstrução do Direito Privado:* reflexos dos princípios, diretrizes e direitos fundamentais constitucionais no Direito Privado. São Paulo: Revista dos Tribunais, 2002. p. 104-114. Afirma o autor, à página 109 mais especificamente, que: "Torna-se necessário que o direito privado, sozinho ou em atuação conjunta com o direito público, reordene e reestruture o seu – por assim dizer – campo de atuação sob esta nova perspectiva, não dicotômica".

[61] Anota Miguel Reale que a humanidade deve a Kant a consciência de que o homem considerado em si mesmo, mesmo tomado como simples possibilidade de realizar-se na sociedade e no Estado, possui um valor infinito, sendo o centro de todas as preocupações éticas e jurídicas. Assim, o homem é *personalidade* situada no cosmos, dentro do mundo, mas superior a

daí a inclusão das lesões aos bens ambientais e a passagem necessária pelo estatuto consumerista na presente pesquisa, ao contrário do patrimonialismo característico do Código Civil de 1916. Para tanto, é preciso a adoção de uma perspectiva zetética,[62] ou seja, a de explicitar algumas premissas e abrir o foco do Direito Privado de modo a contemplar e questionar diversas racionalidades e implicações da temática em tela, buscando correlações entre os diplomas legislativos e suas aproximações e distanciamentos com segmentos da Filosofia do Direito. Nessa linha metodológica ocorrerá o enfrentamento dos ditames civilistas, consumeristas e ambientais no que toca ao *direito de danos*.

---

ele porque não fica dependente das coisas mesmas, mas reorganiza-as, de modo a imprimir sua própria ordem. REALE, Miguel. *Nova fase do Direito Moderno*. 2. ed. São Paulo: Saraiva, 1998. p. 61.

Aduz ainda o eminente professor que o ser humano é valor-fonte do ordenamento jurídico, uma vez que em última análise a compreensão do Direito é a instrumentalização da ordem como condição da sobrevivência humana nas melhores condições possíveis. Essa premissa, assim sustenta REALE, é deduzida do reconhecimento da pessoa como preocupação central da maioria dos ordenamentos jurídicos. *Ibidem*, p. 59.

Miguel Reale definiu a questão do ser humano em sociedade nos seguintes termos: "a linha do progresso humano é representada pelo "modelo ideal" (no sentido weberiano deste termo) de um ordenamento jurídico-político no qual cada homem possa alcançar o *máximo de preservação de sua subjetividade com o máximo de participação aos valores comunitários*" (grifos no original). *Ibidem*, p. 63.

Em outra obra, o professor Miguel Reale aduz com precisão o sentido do que representa a pessoa criadora de mecanismos de modificação do mundo e da importância do ser humano enquanto observador do mundo, inclusive lançando suas percepções e sentimentos de toda ordem como valores a serem tutelados pelo Direito. Lecionou nos termos que seguem: "O homem é valor fundamental, algo que vale por si mesmo, identificando-se seu ser com a sua valia. De todos os seres, só o homem é capaz de valores, e as ciências do homem são inseparáveis de estimas". *Idem. Filosofia do Direito*. 16. ed. São Paulo: Saraiva, 1994. p. 210.

Para Reale, só o homem é um ser que inova, reconstrói o mundo que o cerca valendo-se do conhecimento acerca dos nexos causais que ligam os fenômenos. É apenas o ser humano o possuidor de dois mundos diferentes, os das coisas naturalmente dadas e do mundo construído, a saber, a dimensão cultural. Defende ainda Miguel Reale ser a pessoa capaz de, no exercício da liberdade, criar valores, sendo esses nada mais do que uma dimensão do espírito humano, construção axiológica que nada mais é do que a expressão da liberdade espiritual e da autoconsciência. *Ibidem*, p. 212-213.

[62] FERRAZ JÚNIOR, Tércio Sampaio. *Introdução ao estudo do Direito*. 3. ed. São Paulo: Atlas, 2001. p. 44. O autor faz as seguintes afirmativas: "O campo das investigações zetéticas do fenômeno jurídico é bastante amplo. Zetéticas são, por exemplo, as investigações que têm como objeto o Direito no âmbito da Sociologia, da Antropologia, da Psicologia, da História, da Filosofia, da Ciência Política etc. Nenhuma dessas disciplinas é especificamente jurídica. Todas elas são disciplinas gerais que admitem, no âmbito de suas preocupações, um espaço para o fenômeno jurídico. À medida, porém, que esse espaço é aberto, elas incorporam-se ao campo das investigações jurídicas, sob o nome de Sociologia do Direito, Filosofia do Direito, Psicologia Forense, História do Direito etc. Existem, ademais, investigações que se valem de métodos, técnicas e resultados daquelas disciplinas gerais, compondo, com investigações dogmáticas, outros âmbitos, como é o caso da criminologia, da penalogia, da teoria da legislação etc.".

Uma das áreas que mais sofreu mudanças foi o *direito de danos* devido ao abandono do individualismo caracterizado pela avaliação do ato danoso sob o prisma da negligência, imprudência e imperícia do agente, marca das codificações oitocentistas, conjugada com uma evolução necessária no sentido de dar efetividade aos princípios constitucionais nas relações privadas. A inserção de princípios como os do poluidor-pagador, da prevenção e da precaução, mesmo que fora do âmbito legislativo do Código Civil, denotam a adoção de novos paradigmas para o Direito Privado; inclusive, esse cenário legislativo obriga o intérprete a harmonizar os ditames clássicos e contemporâneos da responsabilidade civil, mormente dos preceitos constitucionais, de modo a permitir a convivência harmônica no sistema. Nesse contexto, cabe-nos aferir a mutabilidade de funções de um mesmo princípio no sistema, a interconexão entre os institutos, a prevalência ora dos princípios clássicos ora dos contemporâneos e a aplicação das normas face às características do caso concreto ante "erupções tópicas".[63]

Em face desse novo cenário que iniciou com a Lei que instituiu a Política Nacional do Meio Ambiente[64] (Lei Federal nº 6.938/81), confirmado pelo advento do CDC e que agora se consolida com a Lei nº 10.406/2002, urge a necessidade de observar o que mudou quanto ao padrão de Justiça que baliza o Direito Privado e em que medida o advento da Constituição Federal de 1988 contribuiu para o desenvolvimento do *direito de danos*. Para tal intento, parece mais adequada a análise através das *archés*, que denotam nada menos do que o ponto de partida a ser tomado para investigar o que determina se uma teoria sobre essa face do Direito foi bem conduzida e qual o fator determinante para afirmar se a busca de uma resposta foi bem sucedida.[65] Trata-se de encontrar um norte para a pesquisa e, ao mesmo tempo, demonstrar qual explicação apresentada pelas diversas teorias contempla mais abrangentemente e precisamente o momento jurídico atual. Não se confunde com a *ratio* e nem com o

---

[63] PREDIGER, Carin. A noção de sistema no direito privado e o Código Civil como eixo central. *In*: MARTINS-COSTA, Judith (Org.). *A reconstrução do Direito Privado*: reflexos dos princípios, diretrizes e direitos fundamentais constitucionais no Direito Privado. *Op. cit.*, p. 168-171.

[64] Dispõe a Lei Federal nº 6.938/81, em seu artigo 14, § 1º, o que segue: "Sem obstar a aplicação das penalidades previstas neste artigo, é o poluidor obrigado, independentemente da existência de culpa, a indenizar ou reparar os danos causados ao meio ambiente e a terceiros, afetados por sua atividade. O Ministério Público da União e dos Estados terá legitimidade para propor ação de responsabilidade civil e criminal, por danos causados ao meio ambiente". Com esses termos o diploma consagrou a responsabilidade objetiva, bem como o princípio do poluidor-pagador.

[65] MACINTYRE, Alasdair. *Op. cit.*, p. 55, 92-93. No mesmo sentido: MICHELON JÚNIOR, Cláudio Fortunato. Um ensaio sobre a autoridade da razão no Direito Privado. *Revista da Faculdade de Direito da UFRGS*, Porto Alegre, v. 21, p. 101, mar. 2002.

telos de determinada área do conhecimento, mas da noção *a priori* do que seria a excelência na busca da concretização de determinado fim. Aplica-se, então, a *arché* tanto para o Direito Público quanto para o Direito Privado.

A investigação do padrão de Justiça adotado pelo legislador brasileiro a partir do CDC e da responsabilidade civil por danos ambientais passa obrigatoriamente pela averiguação de por quais motivos os ditames vigentes até então foram superados. Ao examinar as razões do Direito Privado, sustentou Cláudio Fortunato Michelon Júnior que, para uma busca racional pelas razões do Direito Privado, é necessário versar sobre a superação das *archés* anteriores e apresentar um novo prisma que mostre o que seria ter chegado ao fim de uma busca racional pelas razões do Direito Privado.[66]

Podem ser vislumbradas diversas *archés* para o Direito Privado, bem como para o Direito Ambiental de danos: *funcionalismo*, que pode ser dividida em duas escolas, quais sejam, a análise econômica do Direito e a constitucionalização do Direito Privado; a segunda, *arché liberal/autonômica*; e a terceira denomina-se *aristotélico-tomista*. A presente pesquisa escolherá apenas uma dentre elas que se mostra como a mais adequada para justificar a opção teórica de relação de causalidade a ser aplicada no Direito brasileiro.

As primeiras *archés* a serem tratadas são a análise econômica do Direito e a constitucionalização do Direito Privado, por poderem ser classificadas como *archés funcionalistas*. As *archés* funcionalistas correspondem a uma concepção em que as relações interpartes são marcadas pela concretização de objetivos determinados dentro da seara do Direito Público. Aduz Cláudio Fortunato Michelon Júnior que uma pesquisa marcada pelo viés funcionalista terá, quando completada, encontrado os meios mais eficazes de atingir certos objetivos sociais. Essa doutrina pode concluir, inclusive, pela dispensabilidade do Direito Privado para a realização das metas do Estado.[67] Trata-se de uma ideologia de viés marcadamente racionalista, na medida em que os fins, sejam eles a eficiência econômica, a dignidade humana ou a solidariedade, são elevados a objetivos onde os meios sejam meros instrumentos do intérprete a serem manejados independentemente de classificações próprias e ditames de justiça peculiares ao Direito Privado.

Rafael de Freitas Valle Dresch caracteriza o *funcionalismo* como instrumentalização do Direito Privado, sendo os fins deste deter-

---
[66] MICHELON JÚNIOR, Cláudio Fortunato. *Op. cit.*, p. 110-111.
[67] *Ibidem*, p. 102-103.

minados externamente.[68] Ernest J. Weinrib assevera que essa visão não distingue Direito Público e Privado, refletindo uma concepção em que são justificáveis como finalidades aquelas diretrizes dadas por outras disciplinas, tais como teoria política, economia e filosofia moral.[69] Um grande defensor dessa linha de pensamento é o jurista Pietro Perlingieri,[70] favorável à aplicação direta dos dispositivos constitucionais nas relações privadas. Uma visão moderada do funcionalismo em sua faceta denominada *law and economics* é apresentada por Guido Calabresi, que defende a maximização da riqueza, mas sustenta não poder ser esse o único valor a ser tutelado pela ordem jurídica.

As críticas a essa concepção de Direito Privado centram-se na dispensabilidade de uma teoria da justiça, sacrificando a racionalidade do Direito enquanto área autônoma em relação às outras, especialmente a Economia. O *funcionalismo* possui como custo a extinção de categorias e valores tradicionais do Direito Privado, podendo até levar ao desaparecimento do mesmo, na medida em que as normas fossem permeadas de valores, conceitos e metodologias próprias às outras áreas.

Colaca-se ao lado dos que não crêem na sustentabilidade da busca da maximização de riquezas como único valor o norte-americano Ronald Dworkin, que advoga a idéia de que a busca pelo acréscimo de bens cada vez mais valiosos encontra diversas barreiras dentro da própria teoria econômica, como fenômenos do tipo: alguém vende por menos aquilo que comprou por mais ou a tendência de supervalorização do bem pelo proprietário quando este o detém. Outra crítica formulada por Dworkin é a de dispensabilidade de qualquer teoria da justiça para justificar, por exemplo, uma maximização de riquezas oriunda de um furto, cuja ilustração explicita em números como o crime deveria ser incentivado desde que maximizasse riquezas.[71]

---

[68] DRESCH, Rafael de Freitas Valle. A influência da economia na responsabilidade civil. *In*: TIMM, Luciano Benetti (Org.). *Direito e economia*. São Paulo: IOB/Thomson, 2005. p. 125.

[69] WEINRIB, Ernest Joseph. *The idea of private law*. Cambridge/London: Harvard University Press, 1995. p. 6-7. POSNER, Richard. Wealth maximization and tort law: a philosophical inquiry. *In*: OWEN, David G. (Org.). *Philophical foundations on tort law*. New York/London: Oxford University Press, 1995. p. 101 *et seq*. O primeiro argumento utilizado por Richard Posner para defender-se das críticas é justamente assumir-se como *utilitarista*. A partir do estabelecimento dessa premissa, ele ataca outras acepções de justiça, principalmente as idéias kantiana e aristotélica, sendo interessante nesse estudo verificar apenas a crítica a essa última concepção de correta aplicação e explicação do Direito. *Ibidem*, p. 106.

[70] PERLINGIERI, Pietro. *Perfis do Direito Civil*: introdução ao Direito Civil Constitucional. 3.ed. Tradução de Maria Cristina De Cicco. Rio de Janeiro: Renovar, 1997; Idem. *Il Diritto Civile nella legalita constituzionale*. Napoli: Scientifiche Italiane, 1991.

[71] DWORKIN, Ronald. *Uma questão de princípio*. São Paulo: Martins Fontes, 2000. p. 352-398.

Richard Posner, um dos defensores do *funcionalismo* em sua variante denominada *law and economics*, também conhecida como *análise econômica do Direito*, reconhece as críticas e buscou rebatê-las.[72] Note-se que, para compatibilizar as idéias de justiça e eficiência econômica, uma corrente moderada da *law and economics*, denominada Escola de Yale, capitaneada por Guido Calabresi, reformulou a abordagem, de modo a admitir uma coexistência de valores tuteláveis pelo ordenamento jurídico enquanto rede hierarquizada de valores, regras e princípios jurídicos.

A segunda *arché* é a *autonômica*, constituindo-se como a razão do Direito Privado em que se objetiva a liberdade. Centrada na idéia da possibilidade de cada um determinar seu próprio destino, essa concepção do Direito Privado coloca o acento na autonomia privada,[73] devendo a vontade do indivíduo constituir a única fonte de deveres cogentes para si mesmo.[74] Um precedente histórico dessa corrente pode ser encontrado na economia fisiocrata do século XVIII, especialmente na figura de Gournay, autor da célebre frase "Laissez faire, laissez passer, le monde va de lui-même".[75] Essa é a perspectiva da qual se parte no presente trabalho.

---

[72] Aduz POSNER que a estrutura formal de Direito Privado fornecida por Aristóteles há 2.500 anos é incapaz de demonstrar, por exemplo, como a redução de acidentes pode ser mais adequada, eficaz e barata, de modo a depender inexoravelmente da Economia para direcionar a aplicação do Direito. Assim, o magistrado norte-americano propõe uma alternativa conciliadora, a união da idéia de justiça corretiva com a contínua busca da maximização de riquezas. POSNER, Richard A. *Op. cit.*, p. 108-109.

[73] Perspicaz observação faz a professora Judith Martins-Costa, quando aduz haver distinção entre *autonomia privada* e *autonomia da vontade*. A autonomia da vontade é conquista ideológica datada do século XIX, sendo uma deturpação de idéias kantianas para fins de oposição aos efeitos colaterais originários do liberalismo econômico. Esse conceito é eminentemente *subjetivo*, tratando da vontade, ou seja, da dimensão psicológica do ser humano na criação de efeitos jurídicos.
A autonomia privada, por sua vez, é acepção de caráter objetivo, podendo ser dito que se trata do poder, conferido pelo ordenamento jurídico, do indivíduo de autodeterminar seus interesses, de modo a criar direitos e obrigações no âmbito permitido, ou seja, não proibido, por normas estatais (fonte heterônoma) ou simplesmente acordados com outrem (fonte negocial). MARTINS-COSTA, Judith. Mercado e solidariedade social entre *cosmos e taxis*: a boa-fé nas relações de consumo. In: ——. (Org.). *A reconstrução do Direito Privado*: reflexos dos princípios, diretrizes e direitos fundamentais constitucionais no Direito Privado. *Op. cit.*, p. 614.
A idéia de autonomia privada não logrou a unanimidade. John Gilissen, ao tratar da autonomia da vontade, mas trabalhando com relato perfeitamente aplicável à autonomia privada, traz à lume alguns nomes de pensadores socialistas que lutaram contra a idéia de liberdade contratual. Nessa senda encontram-se Comte, Saint-Simon e Karl Marx, que se insurgem contra a ausência de proteção aos fracos. GILISSEN, John. *Introdução histórica ao Direito*. 2. ed. Tradução de António Manuel Hespanha e Manuel Luís Macaísta Malheiros. Lisboa: Fundação Calouste Gulbenkian, 1995. p. 739.

[74] MICHELON JÚNIOR, Cláudio Fortunato. *Op. cit.*, p. 103-104.

[75] Nossa tradução livre: "Deixe acontecer, deixe passar, o mundo caminha por si mesmo".

Uma crítica possível a essa teoria é a de que a maximização sem limites, por parte do Estado, da liberdade dos indivíduos constituiria uma racionalidade tão individualista a ponto de isolar as relações civis, comerciais e consumeristas da tábua axiológica das constituições contemporâneas, de modo a consagrar, entre outros, o abuso do poder econômico. Esse modelo representa o paradigma ultrapassado do *Code Napoléon* e, conseqüentemente, também o Código Civil de 1916, visto que o legislador brasileiro do início do século XX assentou as bases do Direito Privado pátrio em premissas ideológicas do período imediatamente posterior à Revolução Francesa. Está com a razão Fábio Ulhoa Coelho,[76] quando aduz que "a liberdade escraviza e a lei liberta".

A visão por nós adotada neste trabalho é representada pela adoção da *arché formalista*[77] ou *aristotélica*.[78] Essa linha de pesquisa permite a absorção dos valores mais representativos da lógica jusprivatista contemporânea, de modo a coordenar os valores da igualdade, da liberdade e da justiça. Não há razão para afirmar que o Direito Privado tem apenas uma racionalidade; no entanto, neste trabalho adotaremos a teoria de justiça aristotélica, abordando apenas obliquamente a obra de Tomás de Aquino, para verificar a compatibilidade do que se entende hodiernamente por *Direito Privado* e *Direito Ambiental*, pesquisando a adequação das diversas acepções dadas até então ao *nexo de causalidade*. Essa perspectiva de Direito encontra guarida na escola filosófica denominada *realismo*, na medida em que coloca o intérprete como concretizador dos objetivos sociais, mas o centra nos limites da realidade que lhe é subjacente, bem como impõe-lhe a obrigação de respeitar as categorias próprias do Direito e suas formas de justiça.

2.2. Noção de sistema e sua interpretação

A interação dialética entre sujeito e objeto (intérprete e ordenamento) consubstancia superação da mera subsunção formal,

---

[76] COELHO, Fábio Ulhoa. *Curso de Direito Comercial*. 5. ed. São Paulo: Saraiva, 2005. v. 3. p. 206.

[77] DRESCH, Rafael de Freitas Valle. *Op. cit.*, p. 127 *et seq.*; WEINRIB, Ernest J. *Op. cit.*, p. 22 *et seq.*

[78] A expressão aristotélico-tomista foi utilizada por MICHELON JÚNIOR, Cláudio Fortunato. *Op. cit.*, p. 105 *et seq.* No entanto, o presente trabalho a denominará, por diversas vezes, simplesmente de *arché* aristotélica, visto que o enfoque principal será sobre a doutrina aristotélica e apenas indiretamente será examinada a presente linha de pesquisa através do desenvolvimento da mesma pela obra de Tomás de Aquino.

passando a ser adotada a hierarquização axiológica ou modelo de ponderação. Esse esquema dialógico culmina com a definição do que se poderia denominar vontade axiológica do sistema.[79]

Para adoção dessa perspectiva, é necessário adentrar no que seja sistema.[80] Segundo Claus-Wilhelm Canaris, duas características básicas do conceito em tela são: ordem e unidade.[81] Canaris leciona ainda que a ordem jurídica deriva da própria idéia de justiça, de modo a consubstanciar organização axiológica e teleológica, ultrapassando-se o paradigma lógico-formal.[82] O sistema não é mera conexão de problemas, antes de suas soluções, ao contrário do que defendeu Max Salomon.[83] Outra concepção a ser afastada é a de Heck e da jurisprudência dos interesses, que definiam o ordenamento como instrumento de resolução de conflitos, porque as idéias

---

[79] FREITAS, Juarez. *Op. cit.*, p. 26.

[80] Interessante abordagem sobre a evolução da idéia de sistemas foi realizada por PREDIGER, Carin. *Op. cit.*, p. 145-173. Conforme a autora, a sistematização ocorreu por volta do século XVIII, sendo o Direito, na Idade Média, caracterizado até então pelo particularismo (aplicação do ordenamento correspondente à classe, etnia, profissão e família na qual a pessoa havia nascido). Com o advento do jusracionalismo agregado às teorias sociais da época, ganhou força a idéia de um Direito universal e válido para todas as pessoas. Foi essa primeira concepção caracterizada pela lógica do tipo axiomático-dedutivo e pela inexistência de abertura, aspirando, assim, à totalidade, como referiu a autora: "A toda a questão jurídica deveria ser dada uma resposta, obtida segundo uma operação lógica do pensamento, de subsunção adequada". Mais tarde, a referida evolução do Direito serviu de base para a formação do Estado Moderno, sobressaindo os valores da igualdade, justiça e segurança jurídica. Outra conquista decorrente desse momento histórico foi a separação entre sociedade e Estado. *Ibidem*, p. 150-156.

Adiante, aduz a professora que se contrapõem ao sistema fechado diferentes concepções de sistema aberto. A primeira compreende uma ordem jurídica casuisticamente construída e apoiada na jurisprudência, com especial oposição à idéia de codificação. A outra acepção de abertura é dada pela modificabilidade, ou seja, a incompletude permite uma constante evolução do sistema. *Ibidem*, p. 158-160. Aduz Claus-Wilhelm Canaris que, face à classificação exposta supra pode ser considerado o ordenamento jurídico alemão como fechado, visto que é codificado, ao mesmo tempo em que é aberto no que tange à possibilidade de complementação, modificabilidade e vocação para a evolução. CANARIS, Claus-Wilhelm. *Pensamento sistemático e conceito de sistema na ciência do Direito*. 2. ed. Lisboa: Fundação Calouste Gulbenkian, 1996. p. 103-104.

Carin Prediger afirma com razão que a modificabilidade é diferente de outra característica propugnada por Canaris, que é a mobilidade. PREDIGER, Carin. *Op. cit.*, p. 160. Canaris desenvolve a idéia de mobilidade concebida por Wilburg, definindo-a como característica do sistema em que inexiste hierarquia entre os elementos e há possibilidade de substituição mútua desses componentes.

Superando a análise de sistemas interno/externo de Canaris, Juarez Freitas tangencia o conceito de mobilidade ao abordar de forma original a hierarquização axiológica, conceituando-a como princípio ou metacritério. Para Juarez Freitas, o escalonamento é realizado pelo intérprete que atua de forma tópico-sistemática para, no caso concreto, verificar a diferente intensidade da incidência de valores, princípios e regras (normas em sentido estrito). FREITAS, Juarez. *Op. cit.*, p. 64, 113-130).

[81] CANARIS, Claus-Wilhelm. *Op. cit.*, p. 18-21.

[82] *Ibidem*, p. 66-67.

[83] *Ibidem*, p. 45-46.

básicas, tomando-se como exemplo o Direito Privado, de liberdade contratual, tutela da confiança etc., não se referem tão-somente à decisão de conflitos, antes lhe subjazem.[84]

Situado na perspectiva do sistema, o próximo passo a ser dado pelo jurista é a conformação da hermenêutica com o princípio da hierarquização axiológica. Quanto ao resultado desse processo, Juarez Freitas define que "hierarquizar princípios, regras e valores constitucionais sem permitir a quebra de qualquer princípio, eis a tônica da interpretação sistemática".[85]

Nessa senda, vislumbra-se a interpretação como atividade em que o intérprete examina o ordenamento como um todo, sendo a Constituição o centro emanador de eficácia jurídica. Nesses termos, toda concretização do Direito é também aplicação constitucional.[86]

Aarnio[87] traz a interpretação sistêmica, cuja ideologia, segundo ele, pressupõe que o setor do ordenamento jurídico objeto de análise seja internamente consistente. A completa totalidade das normas jurídicas constitui uma unidade sistêmica e o propósito da interpretação é descobrir as conexões sistêmicas entre as normas e colocar cada norma de maneira adequada como parte do todo. Os critérios de formação do todo sistêmico ocupam uma posição chave nesse tipo de interpretação. Freqüentemente, a forma diminui pelo fato de a mesma norma que é interpretada contribuir para a unidade do sistema. O resultado da interpretação depende do todo sistêmico, e este, por sua vez, depende do conteúdo que recebe a norma a qual é interpretada.

O sistema de Direito Privado brasileiro é aberto, no sentido de que a maior parte dele pode ser modificada conforme a evolução das idéias, da cultura; enfim, muda de forma a acompanhar a evolução da sociedade. A noção de nexo causal surge predominantemente da evolução do conceito nas Ciências Naturais e na Filosofia, sendo

---

[84] CANARIS, Claus-Wilhelm. *Op. cit.*, p. 62-63.

[85] FREITAS, Juarez. *Op. cit.*, p. 185.

[86] Correta é a exegese de Juarez Freitas quando observa que "a interpretação jurídica é sistemática ou não é interpretação". *Ibidem*, p. 70-74. Adiante, o autor assevera a importância da perspectiva constitucionalizadora, ao dispor que "a sistemática interpretação da Lei Fundamental supõe, assim, uma consideração unitária e aberta que reconheça suas disposições sob o prisma dos nunca inteiramente inócuos princípios superiores. Há, como afirmado, eficácia direta e imediata, no núcleo essencial, de todos os princípios fundamentais". *Ibidem*, p. 183. Em outra passagem da obra, o professor assevera "toda interpretação sistemática é, de certo modo, interpretação constitucional". *Ibidem*, p. 81. Com razão, Juarez Freitas advoga que "a interpretação conforme a Constituição nada mais é do que uma das facetas da interpretação sistemática". *Ibidem*, p. 79.

[87] AARNIO, Aulis. *Lo racional como razonable*. Madrid: Centro de Estudios Constitucionales, 1991. p. 113-114 passim.

acolhida pelo Direito, ganhando, assim, relevância jurídica quando adentra esse sistema através de suas aberturas, ponto a ser desenvolvido em outra altura da presente pesquisa.

Toda lei surge de atividade política e funciona na sociedade. Por meio da aplicação da lei, que é necessariamente de natureza social, cultural ou política, a interpretação está conectada, de uma parte, com o contexto normativo (com o sistema jurídico enquanto sistema de normas) e, por outra, com valores sociais e culturais. Nesses termos, absorveu-se a idéia de causalidade tão cara aos filósofos e profissionais das Ciências Naturais para que a mesma seja aplicada pelo jurista.

Assevera Vilanova[88] que "a causalidade natural não pode fundar-se em si mesma, ou por via lógico-formal". Nesses termos, o autor remete o liame entre ação (comissiva ou omissiva) e dano ao sistema normativo, constituindo-se uma causalidade à luz do conjunto axiológico-deôntico em que é trabalhada e nele mesmo encontra o limite para atuação do jurista.[89] Como causalidade física deve ser entendida a não-normativa, seja natural ou sociológica, em que as relações efetivamente se dão, não como as que se devem dar.[90] Em momento algum o doutrinador defende uma redução dos dados éticos, sacrais, econômicos, políticos, científicos e de outros sistemas alienígenas ao âmbito jurídico, mas sustenta uma inclusão desses no espectro deontológico à luz do referencial gramatical próprio da Ciência do Direito,[91] cabendo ao intérprete do Direito articular a relação meio/fim em que o ser humano tece seus intentos ao levar a cabo seus fins utilizando-se de suas causas.[92]

Ainda no esteio de Lourival Vilanova, observa-se a interação entre mundo-de-objetos e sistemas de linguagem, de modo a serem concebidos pelo operador do Direito através de uma ótica capaz de perceber a interpenetração entre os mesmos, tal como dessa relação surgir a juridicização ou desjuridicização de um fato.[93] Pode haver causalidade natural sem conseqüência jurídica, caso não se trate de fato juridicizado; existe ainda a possibilidade de que o ato/fato con-

---

[88] VILANOVA, Lourival. *Op. cit.*, p. 7.

[89] *Ibidem*, p. 8. VENOSA, Sílvio de Salvo. *Op. cit.*, p. 53; e CAVALIERI FILHO, Sergio. *Op. cit.*, p. 71 aduzem que o nexo causal decorre das leis naturais, sendo que o primeiro autor expressamente nega o caráter jurídico do conceito; no entanto, parece que essa posição sustenta que o ordenamento não define a natureza do nexo causal, sendo que apenas o absorve.

[90] VILANOVA, Lourival. *Op. cit.*, p. 61.

[91] *Ibidem*, p. 9.

[92] *Ibidem*, p. 12.

[93] *Ibidem*.

siderado fisicamente tenha previsão em ação definida em suporte fático sem que corresponda à causalidade normativa, de modo que não ocorra assim a responsabilização (por exemplo, conduta típica em que é prevista excludente de imputabilidade), e, por fim, mostra-se viável a ocorrência de efeitos jurídicos sem que haja causalidade natural (por exemplo, crime omissivo por comissão).[94] Em suma, pode ser observado que a causalidade natural pode ser componente de suporte fático.[95]

O ponto nevrálgico da discussão em termos de responsabilização civil por dano causado a outrem reside na norma que institui a relação jurídica de causalidade,[96] em nosso ordenamento jurídico estabelecida a partir do disposto no artigo 403 do Código Civil, que prescreve o dever de indenizar daquele que com sua conduta causar efeito dela direto e imediato. Sabendo-se que normalmente a linguagem jurídica tem algum grau de supergeneralidade, isto é, pode ser em certa medida vaga e inexata, cabe ao operador jurídico averiguar o sentido de seus termos, no caso do nexo de causalidade, mais precisamente o que é efeito direto e imediato.

Neste ponto da pesquisa, abordaremos o nexo de causalidade como elemento da responsabilidade civil dentro do quadro normativo estabelecido pelo conjunto de princípios,[97] regras (normas em sentido estrito) e valores que versa sobre a temática em tela sob a óptica do Direito Privado, ou seja, nas relações entre privados. A metodologia abordada será a utilização de uma perspectiva sistemática do Direito, de modo a permitir a visualização da relação de causalidade como um todo indissociável, ao mesmo tempo em que buscaremos harmonizá-lo em favor da maior coerência possível, de acordo com as diretrizes teóricas adotadas no presente estudo.

---

[94] VILANOVA, Lourival. *Op. cit.*, p. 9-10.

[95] *Ibidem*, p. 61.

[96] *Ibidem*, p. 8. O autor descreve três tópicos do conhecimento sob o ponto de vista da Teoria Geral do Direito, que são: i) o fato tipificado na hipótese e o fato tipificado na conseqüência; ii) a norma que institui a relação jurídica de causalidade; iii) o sistema dentro do qual a norma vale, em relação de pertinência (por ser gerada segundo as geratrizes de normas). No âmbito da pesquisa urge a necessidade de abordar prioritariamente o estado da questão no que tange à interpretação/concreção da norma que define os termos da responsabilização civil na recente codificação.

[97] Não sendo o objeto da nossa pesquisa, não abordaremos a polêmica acerca do caráter normativo dos princípios. Pela corrente que defende não serem normas, ver: CANARIS, Claus-Wilhelm. *Op. cit.*, p. 96. Pela adoção dos princípios como normas, ver: AARNIO, Aulis. Las reglas en serio. In: ———. (Org.). *La normatividad del derecho*. Barcelona: Gedisa, 1997. p. 33; ÁVILA, Humberto. *Teoria dos princípios*: da definição à aplicação de princípios jurídicos. 3. ed. São Paulo: Malheiros, 2004. p. 70; FREITAS, Juarez. *Op. cit.*, p. 56.

3. Teorias sobre relação de causalidade

Neste capítulo traçaremos um panorama bastante geral sobre as respostas teóricas apresentadas pela doutrina para definição e aferição do nexo de causalidade. É de ser gizado que adiante ocorrerá análise mais pormenorizada sobre as duas teorias dominantes (causalidade adequada e equivalência dos antecedentes), ocorrendo neste item apenas uma brevíssima descrição de todas as teorias reportadas na doutrina contemporânea. De início, cabe-nos recordar precioso ensinamento de Enneccerus,[98] segundo o qual não há como ser definida a questão do nexo causal apenas mediante regras abstratas, senão que o nosso objeto de estudo há de ser analisado ante as peculiaridades do caso concreto.

3.1. Equivalência das condições

A explicação da relação de causalidade como equivalência entre as condições é de autoria do penalista alemão Maximiliano von Buri, datada de 1860. A definição dos termos filosóficos mediatos que embasaram a tese é atribuída a Thomas Hobbes, seguindo premissas desenvolvidas por Galileo Galilei.[99] Há, ainda, quem defenda a contribuição de John Stuart Mill no assentamento das bases utilizadas para a elaboração da doutrina em tela.[100]

---

[98] ENNECCERUS, Ludwig. Derecho de las obligaciones. *In*: ENNECCERUS, Ludwig; KIPP, Theodor; WOLFF, Martín (Org.). *Tratado de Derecho Civil*. Barcelona: Bosch, 1947. v. 1. t. 2. p. 67.

[99] GOLDENBERG, Isidoro H. *Op. cit.*, p. 5, 15.

[100] COMPAGNUCCI DE CASO, Rubén H. *Op. cit.*, p. 36; CAVALIERI FILHO, Sergio. *Op. cit.*, p. 72; GOLDENBERG, Isidoro H. *Op. cit.*, p. 16. Este último autor, assim como o primeiro, aponta ainda outras influências, culminando nos nomes de Berner, Glasser, Hälschner, von Liszt e Köstlin. Contra: COSTA JÚNIOR, Paulo José. *Op. cit.*, p. 78.

Essa vertente doutrinária, também conhecida como teoria da equivalência dos antecedentes ou *conditio sine qua non*, não diferencia causa (aquilo de que depende a existência de determinada coisa) e condição (o que permite à causa produzir seus efeitos positivos e negativos). Define-se causa como aquela ação ou omissão sem a qual o resultado não teria ocorrido. Assim, se várias causas concorrem para o mesmo resultado, todas têm o mesmo valor, a mesma relevância, equivalendo-se todas. Nesses termos, não cabe qualquer indagação se uma foi mais ou menos adequada ou eficaz em relação ao dano/prejuízo.

As duas grandes questões sobre relação de causalidade suscitadas por André Tunc, Henri e Leon Mazeaud,[101] quais sejam, a multiplicidade de causas de um evento e a produção sucessiva de resultados por atos humanos, de modo a gerar uma cadeia de causas-efeitos, são respondidas por essa teoria. A pluralidade de causas é amplamente admitida, delimitando-se a questão da responsabilidade na seara da culpa. A teoria da equivalência das condições delimita de maneira bastante abrangente a sucessão de fatos ligados ao prejuízo em voga; assim, a imputação do resultado dá-se a todos que obraram de modo que, se sua conduta fosse excluída da cadeia hipotética, inexistiria o dano. Mais uma vez a questão de quem deve indenizar recai sobre outro elemento da responsabilidade civil, a culpabilidade.

Aponta Sergio Cavalieri Filho que seus defensores sustentam a indivisibilidade do resultado; logo, as causas, todas elas, que seriam equivalentes.[102] Elucidativamente, define Rubén H. Compagnucci de Caso[103] as linhas gerais dessa corrente acerca do liame causal nos seguintes termos:

> Con esta tesis se afirma que la adición de la totalidad de las condiciones es la que brinda y da el resultado. Todas las fuerzas intervenientes coadyuvan para que se dé la consecuencia final, por lo que resultan "causa", todas las condiciones, sin poderse llegar a discriminar entre ellas. Hay, como lo dice su enunciado, "equivalencia" entre todas las condiciones, no dándose posibilidad de aislar una de ellas para que sea útil como antecedente para el análisis valorativo sobre el resultado acontecido.

Para aplicação e exame da teoria em voga, basta a pergunta sobre a possível ocorrência do resultado na hipótese de retirada da ação ou omissão da cadeia causal. Caso a resposta seja no sentido de que sem o fato o resultado não teria ocorrido, trata-se então de

---

[101] MAZEAUD, Henri; MAZEAUD, Leon; TUNC, André. *Tratado teórico y práctico de la responsabilidad civil delictual y contractual*. Buenos Aires: Europa-América, 1977. v. II. t. II. p. 5-6.
[102] CAVALIERI FILHO, Sergio. *Op. cit.*, p. 72.
[103] COMPAGNUCCI DE CASO, Rubén H. *Op. cit.*, p. 36.

causa. Afirmado que mesmo com a exclusão da conduta, o fato teria ocorrido, não há de falar-se em relação de causalidade.[104]

Essa teoria foi adotada pelo Código Penal vigente, conforme entendimento da doutrina em geral.[105] Observa-se a adoção da *conditio sine qua non* nos ditames delineados retro, da leitura da Lei Criminal, que, em seu artigo 13, *in fine*, preceitua que se considera causa a ação ou omissão sem a qual o resultado não teria ocorrido.

Conforme apontado supra, e sendo o mesmo entendimento esposado por Paulo José da Costa Júnior,[106] há de se ter claro que uma interpretação racional e coerente, que preze pela ordem e unidade do sistema jurídico, levará em conta que o fenômeno causal, visto em seu cunho naturalístico, é o mesmo nas órbitas cível e penal. Entretanto, a recepção dessa causalidade pelo ordenamento jurídico ocorre de forma diversa nos sistemas penal e cível, porque os elementos do conceito analítico de crime e da responsabilidade civil, embora em alguns pontos se assemelhem, consubstanciam em seu bojo ideologias diversas e antagônicas. Enquanto a teoria do delito representou um limite e fator de legitimação do poder punitivo, a responsabilidade civil foi transformada no século XX no direito de danos, em que a finalidade indenizatória é buscada com tamanha força que muitas vezes se dispensa a análise da existência de culpa em sentido estrito ou de dolo. Como anota Massimo Franzoni,[107] as funções das esferas criminal e privada são diversas; inclusive, quanto ao nexo de causalidade considerado em si mesmo, há de se ter cuidado quando da condenação penal surge o título executivo autorizador da execução civil, tal como ocorre no Brasil, nos termos do artigo 475-N, II, do CPC.

O Direito Penal contemporâneo em regra não admite a responsabilidade objetiva, enquanto o Código Civil de 2002 contempla, no artigo 927, parágrafo único, uma enorme abertura no sistema jusprivatista para que o intérprete atue de forma a responsabilizar os causadores de danos com fulcro na teoria do risco-proveito ou outra equivalente, desde que derivada da socialização dos riscos.

---

[104] GOLDENBERG, Isidoro H. *Op. cit.*, p. 16.

[105] Exemplificativamente: BITENCOURT, Cezar Roberto. *Manual de Direito Penal*. 6. ed. São Paulo: Saraiva, 2000. v. 1. p. 178; CAVALIERI FILHO, Sergio. *Op. cit.*, p. 72; COSTA JÚNIOR, Paulo José da. *Op. cit.*, p. 101; GOLDENBERG, Isidoro. *Op. cit.*, p. 17; VENOSA, Sílvio de Salvo. *Op. cit.*, p. 54.

[106] COSTA JÚNIOR, Paulo José da. *Op. cit.*, p. 82.

[107] FRANZONI, Massimo. *Trattato della responsabilità civile:* L'illecito. Milano: Giuffrè, 2004. p. 88-89.

Ante o exposto, essa reconstrução das linhas gerais do que é nexo causal no Código Civil de 2002 exige a interpretação do conjunto de dispositivos sobre a temática em tela, até mesmo face ao preceituado no Direito Criminal.

As críticas à formulação defendida pela teoria da equivalência dos antecedentes baseiam-se em um ponto nevrálgico, qual seja, poderia ser considerada causa como todo aquele ato sem o qual não teria ocorrido o resultado sem chegar-se a uma responsabilização quase infinita. Poder-se-ia responsabilizar não somente o condutor negligente do veículo que ocasionou acidente, mas também o fabricante e até mesmo a instituição financeira que o financiou, uma vez que sem esses aquela situação não ocorreria. Tal determinismo extremado desafia a própria natureza das coisas, sua álea intrínseca, pressupondo um Hércules, que tudo sabe e tudo vê, ignorando que precisaríamos alcançar o todo, mas o todo é demais para nós.

3.2. Causa próxima

Criada por Francis Bacon, no século XVI, deita raízes na tradição jurídica inglesa. Surge como uma resposta à tarefa infinita de ter o operador jurídico de buscar as causas de cada qual e suas influências umas sobre as outras.[108] Pode ser observado que essa corrente surge tal como é conhecida hoje da assimilação de vários aspectos da equivalência dos antecedentes e da causalidade adequada.[109] A teoria da causa próxima é definida por Rubén H. Compagnucci de Caso[110] como a doutrina que explica o nexo causal a partir da escolha da condição, sem a qual o dano não teria ocorrido, que esteja situada mais próxima cronologicamente do evento. Aplicam-se os efeitos da imputação do resultado àquele que tiver dado efeito de forma imediata, conforme o critério lógico-temporal.

Essa corrente alcançou grande influência não só na *common law*, mas também foi recepcionada pelos códigos civis italiano, francês e argentino. Dispõe o artigo 520, do Código Civil argentino:

> En el resarcimiento de los daños e intereses sólo se comprenderán los que fueren consecuencia inmediata y necesaria de la falta de cumplimiento de la obligación.

Semelhante é a redação do artigo 901:

---

[108] COMPAGNUCCI DE CASO, Rubén H. *Op. cit.*, p. 39.

[109] GONÇALVES, Carlos Roberto. *Responsabilidade civil*. 8. ed. São Paulo: Saraiva, 2003. p. 523.

[110] COMPAGNUCCI DE CASO, Rubén H. *Op. cit.*, p. 39.

Las consecuencias de un hechos que acostumbra suceder, según el curso natural y ordinario de las cosas, se llaman en este Código "consecuencias inmediatas". Las consecuencias que resultan solamente de la conexión de un hecho con un acontecimiento distinto, se llaman "consecuencias mediatas". Las consecuencias mediatas que no pueden preverse se llaman "consecuencias casuales.

Nota-se que a redação do dispositivo supra assemelha-se bastante à redação do artigo 403 do Código Civil de 2002.

Carlos Roberto Gonçalves[111] denomina essa corrente como a definição da responsabilização pelos danos diretos e imediatos e advoga ter a mesma sido escolhida pelo legislador quando da redação do artigo 403 do Código Civil de 2002. Assim, aduz, ainda, a existência de preocupação dos que exercem a atividade legiferante no sentido de exclusão das conseqüências do ato do agente, quando essas não mais estejam ligadas ao mesmo.

No mesmo sentido de Gonçalves, Pablo Stolze Gagliano e Rodolfo Pamplona Filho asseveram que o Código Civil brasileiro adotou a teoria da causalidade direta ou imediata, na vertente da *causalidade necessária* (grifo no original). Aludem os autores que, por vezes, a jurisprudência aplica a teoria da causalidade adequada com o presente sentido, de modo a confundir os pressupostos e caracteres próprios de cada teoria, devido ao caráter "sedutoramente empírico do tema".[112]

Essa teoria recebeu severas críticas, sobretudo por sua simplicidade e inexatidão.[113] Aponta-se a fragilidade da definição de causalidade pelo critério lógico-formal, no sentido de que nem sempre a última determinante do resultado possui a mais alta carga nociva frente ao desiderato protetivo de bem jurídico contemplado pela norma. Alega-se, também, a dificuldade de estabelecer o conteúdo da expressão causa imediata de um evento.

Rubén H. Compagnucci de Caso, na esteira do lecionado por Orgaz, traz à baila um exemplo que resume toda a crítica: troca-se o remédio do paciente por veneno, que é aplicado por uma enfermeira que não tinha conhecimento do novo conteúdo da embalagem, que até então era um mero analgésico. Pergunta-se: poderia ser considerada a enfermeira como a causadora do evento morte do doente? Pela teoria em voga, a resposta é afirmativa, o que representa um absurdo no sistema jurídico.

---

[111] GONÇALVES, Carlos Roberto. *Op. cit.*, p. 523-524, 526.
[112] GAGLIANO, Pablo Stolze; PAMPLONA FILHO, Rodolfo. *Novo curso de Direito Civil*: responsabilidade civil. 2. ed. São Paulo: Saraiva, 2004. p. 104-105.
[113] COMPAGNUCCI DE CASO, Rubén H. *Op. cit.*, p. 40.

Uma outra faceta das críticas contra a causa próxima pode ser vista em Isidoro H. Goldenberg,[114] ao assinalar que a "imediatidade" deve possuir sentido apenas lógico, em vez de cronológico, sob pena de a aplicação do ordenamento jurídico ficar divorciada do bom senso, como demonstrado no exemplo da enfermeira, tal como referido acima. Alude, ainda, que, face aos termos tais como originalmente expressados, essa tese não encontra recepção nos países em geral.

Enneccerus[115] em dois outros exemplos procura demonstrar a fragilidade da causa próxima. Na primeira hipótese, imagina-se um corretor imbuído de negociar quotas de uma reserva mineral, que acaba por, negligentemente, não obter a venda. Segue-se, então, uma inundação que causa prejuízos ao dono da mina. Para o autor, caso aplicada a teoria em tela, o agenciador deve ressarcir os prejuízos decorrentes do desastre natural, pois, não atingindo o seu intento de vender o bem, acabou por não transferir os riscos para um futuro comprador.

Outra situação descrita pelo civilista germânico é a perda face caso fortuito de objeto de contrato de depósito decorrente de inadimplemento do dever de guarda do depositário. Segundo Ennecerus,[116] deve o sujeito que descumpriu o contrato responder por todos os danos ocorridos após a retirada indevida do objeto do armazém do contratante, caso adotada a teoria em voga.[117]

3.3. Condição preponderante

Formulada por Binding,[118] essa explicação do nexo causal atribui o *status* de causa ao fato que desequilibrar a lógica "normal" dos acontecimentos. Admite-se como causa aquele fato que imprime a direção decisiva para o efeito ocorrido.[119]

---

[114] GOLDENBERG, Isidoro H. *Op. cit.*, p 20.

[115] *Ibidem*, p. 71-72.

[116] ENNECCERUS, Ludwig. *Op. cit.*, p. 71.

[117] Tem-se que aqui fazer uma distinção quanto à natureza da obrigação, se contratual ou extracontratual, tendo em vista que há profundas diferenças quanto à espécie de responsabilidade, objetiva ou subjetiva, dependendo da existência de risco, no caso da extracontratualidade ou do conteúdo contratual, se prestação de meio ou de resultado, de modo a estabelecer-se o nexo de causalidade entre ato e dano.

[118] COMPAGNUCCI DE CASO, Rubén. *Op. cit.*, p. 40-41.

[119] GOLDENBERG, Isidoro H. *Op. cit.*, p. 21.

Binding distinguiu entre fatores positivos e negativos, sendo causa apenas a condição positiva que prepondere sobre a negativa.[120]

A crítica dessa teoria e da causa eficiente é apresentada por Isidoro H. Goldenberg, que leciona que:

> Sin embargo, cuando se trata de establecer en la práctica la aputa que permita seleccionar entre las diversas condiciones de un resultado la más eficiente o la más preponderante, se advierte con nitidez la fragilidad de estas teorías.
> En efecto, la imposibilidad de escindir materialmente un resultado, de suyo indivisible, para atribuir a una condición "per se" un poder causal decisivo, hace caer dichas construcciones teóricas en un empirismo que las despoja de todo rigor científico.

Assim, pode ser vislumbrado que o estabelecimento da causa eficiente não atende os anseios da dogmática atual, sendo seu caráter empírico um óbice intransponível à prática de tal teoria.

3.4. Ação humana

Criada por Soler, baseado nos ensinamentos de Beling, Binding e Antolisei, a tese em tela objetiva a diferenciação entre ação e causalidade. A partir dessa premissa, segue-se a exclusão da causalidade em seu âmbito físico-naturalístico, para vislumbrar-se o nexo de causalidade a partir da vontade do sujeito.[121] O ser humano está provido de consciência e vontade, elementos com os quais contribui decisivamente em suas relações com o mundo exterior.[122]

Na ação há liberdade e, através dela, o ser humano coloca sob seu jugo as forças da natureza. A causalidade deve ser depreendida da vontade e inteligência da pessoa, uma vez que o acontecer por mera causalidade natural não possui importância jurídica. A relevância do agir, em vez do causar em sua acepção física, é dada para que se avaliassem não as conseqüências decorrentes do ato, mas sua conformidade com os valores estabelecidos pela ordem jurídica.[123]

Esse acento na figura do autor determina a finalidade da investigação não no sentido de reconhecer a causa, mas quem foi o autor do resultado, estabelecendo-se causa e autoria como conceitos bastante diferentes.

---
[120] GOLDENBERG, Isidoro H. *Op. cit.*, p. 21.
[121] *Ibidem*, p. 31.
[122] *Ibidem*.
[123] *Ibidem*.

3.5. Causa eficiente

Essa tese tem origem na doutrina germânica com o desenvolvimento da idéia de causa eficiente. Também conhecida como teoria da condição mais eficaz ou mais ativa, foi desenvolvida em oposição à teoria da *conditio sine qua non*.[124] Ao contrário do pensamento de von Buri, nega-se a igualdade de grau de todas as condições para a consumação do prejuízo; muito pelo contrário, aqui aparece imprescindível a aferição da importância de cada conduta para realização do evento.[125] Nesse pensamento, o estabelecimento da causalidade dá-se conforme o critério da eficiência da conduta face ao resultado.[126]

Dentre os autores que defendem a tese em pauta, pode ser observada a divisão entre aqueles que sustentam o critério quantitativo, dentre eles Birkemeyer, para caracterizar a condição mais ativa, assinalando que é aquela que em maior medida contribui para o resultado, enquanto outros, tais como Mayer, Stoppato e Kahler, advogam a noção qualitativa (*Qualitätentheorie*) para determinação da causa eficiente, levando-se em conta a qualidade intrínseca do fato no processo causal, segundo o que ordinariamente ocorre (*id quod plerumque accidit*).[127]

No Brasil, essa corrente é defendida por Rui Stoco,[128] quando assevera que:

> Será responsável pela reparação o agente cujo comportamento seja considerado causa eficiente para a ocorrência do resultado.
> É o que se infere do art. 186 do Código Civil, que dispõe "Aquele que, por ação ou omissão voluntária, negligência ou imprudência, violar direito e causar dano a outrem, ainda que exclusivamente moral, comete ato ilícito", elegendo, assim, a causa eficiente para a eclosão do evento, ainda que outras tenham se interposto em mo-

---

[124] GOLDENBERG, Isidoro. *Op. cit.*, p. 43

[125] *Ibidem*.

[126] *Ibidem*, p. 20.

[127] *Ibidem*, p. 20-21. Aqui parece ter havido uma aproximação da aplicação do Direito com o senso comum. A doutrina da causa eficiente vislumbrou uma interessante intersecção entre o problema da definição do nexo de causalidade e as máximas de experiência, categoria esta última expressamente adotada pelo Código de Processo Civil brasileiro e pelo Código de Defesa do Consumidor, nos artigos 335 e 6°, inc. VIII, respectivamente.
Sobre o tema: ROSITO, Fernando. *A aplicação das máximas de experiência no processo civil de conhecimento*. 2004. 177 p. Dissertação (Mestrado em Direito) – Faculdade de Direito da UFRGS, Porto Alegre; STEIN, Friedrich. *El conocimiento privado del juez*. Madrid: Centro de Estudios Ramón Areces, 1990; TARUFFO, Michele. Senso comum, experiência e ciência no raciocínio do juiz. *Revista Forense*, Rio de Janeiro: Forense, v. 97, n. 355, p. 101-18, 2001.

[128] STOCO, Rui. *Tratado de responsabilidade civil*. 6. ed. São Paulo: Revista dos Tribunais, 2004. p. 147.

mento antecedente ou posterior, este sim dando ensancha ao entendimento de que teria adotado a teoria da causa eficiente que, para nós, é mais precisa e pertinente do que a teoria da causalidade adequada.

A crítica que sofreu essa corrente baseou-se na dificuldade de cisão do resultado diante do que comumente ocorre nos pretórios. No entanto, a aplicabilidade da causa eficiente é evidente quando se tratar de culpa concorrente, em que os tribunais obrigam-se à divisão do resultado e, conseqüentemente, atribuem graus diferentes de importância às diversas causas.[129]

Aponta Rubén H. Compagnucci de Caso[130] a existência de semelhanças entre essa corrente e a teoria da causalidade adequada. Assim, passaremos à análise desta última no tópico que segue.

3.6. Causalidade adequada

Inicialmente desenvolvida por Luis von Bar, essa teoria foi exposta pela primeira vez em 1871, sendo seus contornos atuais definidos por von Kries em 1888.[131] Possui ampla aplicação atualmente, sendo considerada por grande parte da doutrina nacional[132] a escolhida pelo legislador quando da elaboração do Código Civil de 2002.

Assevera Isidoro H. Goldenberg que tal corrente dispõe ser a causa um juízo sobre a possibilidade e probabilidade de ocorrência de um resultado, consoante, tal como defendido quanto à causa eficiente, o que comumente acontece (*id quod plerumque accidit*). A aplicação da causalidade adequada remete à aferição do fato e sua relação com o resultado, abstraindo-se qualquer juízo de valor sobre a conduta, sem verificar-se a qualidade ou quantidade de cada ação para a ocorrência do evento e excluindo-se qualquer alusão ao critério cronológico. Assim, o critério passa a ser o lógico, sem, no entanto, atribuir-se como causa todo aquele ato sem o qual o dano não teria ocorrido, uma vez que se admite a relação de causa-efeito entre aquilo que repetidamente acontece e, assim, espera-se que aconteça.

---

[129] GOLDENBERG, Isidoro H. *Op. cit.*, p. 21-22.

[130] COMPAGNUCCI DE CASO, Rubén. *Op. cit.*, p. 45.

[131] *Ibidem*, p. 22.

[132] CAVALIERI FILHO, Sergio. *Op. cit.*, p. 72; VENOSA, Sílvio de Salvo. *Op. cit.*, p. 54; VIEIRA, Patricia Ribeiro Serra. *Op. cit.*, p. 52.

Enneccerus[133] advoga a necessidade de três requisitos para aferição do liame causal: a) inexistência de circunstâncias extraordinárias entre o fato examinado e a conduta; b) capacidade segundo a natureza das coisas para haver relação causa-efeito; e c) adequação para produção do dano. Adiante, defende que o nexo causal não precisa ser imediato, no sentido de que a causalidade pode ser de forma mediata, admitindo a imputação de resultado ocorrido até mesmo 20 anos depois do fato originário.[134]

Um exemplo clássico e bastante elucidativo é a impossibilidade de se atribuir o resultado morte, ocorrida dentro de hospital, ao agente que deu causa ao fato pelo qual a pessoa foi até o estabelecimento para buscar a cura. Nesses termos, o ferimento ocasionado em virtude do acontecimento originário não pode ser considerado como causa do óbito.[135]

Exige-se que habitualmente seja atribuída aquela espécie de resultado àquele tipo de ato. Se a ação do agente mostrava-se normalmente apta para a produção do dano, é de ser imputado ao mesmo tal resultado. Aduz Paulo José da Costa Júnior[136] que a idoneidade da causa é aferida conforme a regularidade estatística.

Esse juízo caracteriza-se por ser *post-factum* e abstrato, visto que se verifica o que se sucede na normalidade dos casos em análise posterior à ocorrência do acontecimento examinado em tela.

O fator previsibilidade deve ser levado em conta quando da aferição da relação de causalidade em termos do que a experiência revela ser causa adequada. Assim, evita-se eventual aproximação com a culpabilidade, devendo essa ser avaliada *in concreto*.

Posição bastante interessante é defendida por Franz von Liszt,[137] que ataca os defensores da causalidade adequada, aduzindo que a opinião dos que a defendem é completamente arbitrária, e repousa, especialmente a de Merkel, sobre a confusão já acentuada entre causalidade e culpabilidade. Adiante, define a importância dessa vertente como de mera aplicação subsidiária, sendo necessária apenas quando se tratar de responsabilidade objetiva. A posição de von Liszt consubstancia exatamente a adoção da teoria da equivalência dos antecedentes como regra geral no artigo 13 do Código Penal brasileiro.

---

[133] ENNECCERUS, Ludwig. *Op. cit.*, p. 68-69.

[134] *Ibidem*, p. 72. O autor cita diversos precedentes sobre a superveniência de causas e suas conseqüências jurídicas civis, na ótica da jurisprudência tedesca.

[135] GOLDENBERG, Isidoro H. *Op. cit.*, p. 24.

[136] COSTA JÚNIOR, Paulo José da. *Op. cit.*, p. 88.

[137] VON LISZT, Franz. *Tratado de Direito Penal alemão*. Campinas: Russel, 2003. t. 1. p. 27.

Analisando algumas decisões italianas, Valentina Di Gregorio[138] revela a adoção da causalidade adequada quando pessoas que, de forma mediata, causaram prejuízo a outrem foram condenadas a indenizar as vítimas, mesmo na falta dos requisitos exigidos pelo artigo 1.223, do Códice.[139] A doutrinadora reconheceu nos precedentes um juízo de eqüidade para que os desideratos legais fossem atingidos, mesmo sem a correspondente adequação dos casos à previsão do dispositivo em voga.

No mesmo sentido, há diversos julgados dos tribunais italianos prevendo a indenizabilidade do dano causado mediatamente e de forma indireta, desde que exista previsibilidade, consoante a regularidade dos acontecimentos. Elucidativamente colacionamos nota de Andréa Barenghi[140] à jurisprudência da península, situando-se o comentário no mesmo diapasão do anteriormente exposto:

> I danni devono essere conseguenza immediata e diretta dell'inadempimento ma può essere risarcito anche il danno mediato e indiretto quando risulta che esso è effetto normale dell'inadempimento secondo il principio della regolarità causale.

Rui Stoco[141] sustenta não ter sido essa teoria acolhida pelo nosso Código Civil atual nos termos que seguem:

> [...] o nexo causal é elemento de ligação entre a pessoa que praticou o ato e o resultado que dele decorre, enquanto a disposição invocada pertine apenas às conseqüências da inexecução das obrigações, sejam elas decorrentes de obrigação contratual, sejam do ato ilícito, pressupondo, portanto, que este já esteja identificado e completo em sua formação.

Para Stoco, a aferição do liame causal é indispensável à verificação das provas e, a partir da interpretação das mesmas, estabelecer se houve ou não fato gerador de dever de indenizar, independentemente da teoria que se adote para definição do nexo de causalidade.[142] Pede-se vênia para discordar, visto que é difícil sequer imaginar como um magistrado poderia definir a relação causa-efeito sem o

---

[138] DI GREGORIO, Valentina. *La valutazione equitativa del danno*. Padova: CEDAM, 1999. p. 167.

[139] O artigo em tela tem a seguinte redação:
"1.223. Risarcimento del danno. – Il risarcimento del danno per l'inadempimento o per il ritardo deve comprendere cosi la perdita súbita dal creditore come il mancato guadagno, in quanto ne siano conseguenza immediata e diretta".

[140] RESCIGNO, Pietro (Org.). *Codice civile*. 3. ed. Milano: Giuffrè, 1997. p. 1.310. Precedentes: CC 20 ago. 1984/4661, dentre outros. Tradução livre: O dano deve ser conseqüência imediata e direta do inadimplemento, mas pode ser necessário o ressarcimento também quando o dano resultar como efeito mediato e indireto desde que seja efeito normal do inadimplemento em face do princípio da regularidade causal.

[141] STOCO, Rui. *Op. cit.*, p. 147.

[142] *Ibidem*.

estabelecimento preciso dos ditames da teoria que define a relação causal. Assim, deve ser evitado o *empirismo*, pois os ditames da legalidade impõem o dever de serem estabelecidas bases seguras e científicas para a caracterização dos elementos necessários para o surgimento do dever de indenizar.

Os dois pontos cruciais para análise da causalidade – a multiplicidade de fatos geradores de um resultado e a sucessão de eventos a partir de uma causa – são respondidos pela teoria da causalidade adequada. A doutrina em tela possui como admissível a pluralidade de atos relacionados a um dano e defende a exclusão não somente daqueles atos que, se abstraídos, culminariam na inocorrência do prejuízo analisado, mas também advoga a subtração da sucessão causal daqueles que laboraram para o resultado com meios tidos como naturalmente inadequados para a produção do mesmo.

4. A causalidade adequada como opção de metodologia de análise do nexo causal no ordenamento jurídico brasileiro

A causalidade adequada emerge no ordenamento jurídico brasileiro da redação do artigo 403 do Código Civil de 2002.[143] O dispositivo possui redação quase idêntica à previsão constante do artigo 1.060 do Código Civil de 1916[144] e guarda íntima conexão com o preceito insculpido no artigo 1.223 do *Codice Civile*.[145]

4.1. Análise da expressão "efeito direto e imediato" constante do artigo 403 do Código Civil de 2002

A disposição do artigo 403 do CC/02, especialmente no que tange à expressão "efeito direto e imediato", é, seguramente, uma das mais imprecisas utilizadas pelo novo Código, ainda que se constitua em locução já tradicional no Direito brasileiro e no Direito compa-

---

[143] "Art. 403. Ainda que a inexecução resulte de dolo do devedor, as perdas e danos só incluem os prejuízos efetivos e os lucros cessantes por efeito dela direto e imediato, sem prejuízo do disposto na lei processual".

[144] "Art. 1.060. Ainda que a inexecução resulte de dolo do devedor, as perdas e danos só incluem os prejuízos efetivos e os lucros cessantes por efeito dela direto e imediato.

[145] "1.223. Rissarcimento del danno. [I]. Il risarcimento del danno per l'inadempimento o per ritardo deve comprendere così la perdita subita al creditore come il mancato guadagno, in quanto ne siano conseguenza immediata e diretta".

rado.[146] Esta *vagueza semântica*[147] é típica decorrência dos "conceitos jurídicos indeterminados".[148]

Judith Martins-Costa define o preceito enunciado no artigo 403 nos seguintes termos:

> O prejuízo é direto quando decorre por relação de causa e efeito diretamente do fato danoso, atingindo a vítima, em si mesma ou seu patrimônio, sem intermediação.

Arnaldo Rizzardo[149] assevera, no mesmo sentido: "Interessa, no caso, o dano que é efeito direto e imediato do fato causador, e não o remoto, ou advindo de novas causas".

Ao comentar o artigo 1.223 do *Codice*, Massimo Bianca[150] alude à aplicabilidade da verificação do nexo de causalidade entre ato/fato e dano como sendo este conseqüência *immediata* e *diretta* daquele, tanto nas relações contratuais como extracontratuais. Leciona o professor italiano Massimo Bianca:[151]

> La regola causale del danno è dettata in tema di inadempimento, e sancisce la risarcibilità del danno emergente e del lucro cesante che siano conseguenza immediata e directa dell'inadempimento.

O elemento previsibilidade mostra-se nevrálgico para a análise do nexo de causalidade, como bem refere outro jurista italiano, Massimo Franzoni,[152] quando leciona que:

> Le formule adottate per rendere operante la causalità sono la regolarità statistica, la probabilità dell'accadimento secondo "una legge dotata di validità scientifica" o la sua verosimiglianza secondo *l'id quod plerumque accidit*.

Em outra obra, aduz o autor:[153]

---

[146] SILVA, Jorge Cesa Ferreira da. *Inadimplemento das obrigações.* São Paulo: Revista dos Tribunais, 2006. p. 180.

[147] Aqui a expressão utilizada foi no mesmo sentido tal como delineado por MARTINS-COSTA, Judith. *A boa-fé no Direito Privado. Op. cit.*, p. 324 *et seq.* Jorge Cesa Ferreira da Silva refere não se tratar o dispositivo de cláusula-geral ou conceito jurídico indeterminado, posição respeitável, mas com a qual discordamos diametralmente. SILVA, Jorge Cesa Ferreira da. *Op. cit.*, p. 180.

[148] Karl Engisch descreve o conceito jurídico indeterminado como "um conceito cujo conteúdo e extensão são em larga medida incertos" ENGISCH, Karl. *Introdução ao pensamento jurídico.* 9. ed. Tradução de João Baptista Machado. Lisboa: Calouste Gulbenkian, 2004. p. 208.

[149] RIZZARDO, Arnaldo. *Responsabilidade civil.* Rio de Janeiro: Forense, 2005. p. 76.

[150] BIANCA, Massimo. *Diritto Civile:* la responsabilità. Milão: Giuffrè, 2005. p. 624.

[151] *Ibidem*, p. 624. Em tradução livre: A normatização do nexo de causalidade é tratada em sede de inadimplemento e estabelece a ressarcibilidade do dano emergente do lucro cessante que são conseqüência do inadimplemento.

[152] FRANZONI, Massimo. *Op. cit.*, p. 59. Em tradução livre quanto ao italiano e ao latim: as fórmulas adotadas para operacionalizar a causalidade são a regularidade estatística, a probabilidade da ocorrência ou sua verossimilhança segundo a normalidade das coisas.

[153] *Idem. Trattato della responsabilità civile:* il danno risarcibile. Milano: Giuffrè, 2004. p. 17. Tradução livre: O critério da conseqüência direta e imediata tem sofrido críticas devido à sua

Il criterio delle conseguenze immediate e dirette è stato talvolta criticato per il suo contenuto di genericità; al contrario deve essere aprezzato il grado di elasticità che legitima il giudice a valutare caso per caso ogni pretesa risarcitoria.

A expressão direto e imediato cunhada por Pothier quando da redação do *Code Napoléon* é por si só dotada de um grau de abstração que só permite uma delimitação profunda face ao caso concreto. Nesse sentido é a importante lição de Jorge Cesa Ferreira da Silva:[154] "a noção de 'efeito direto e imediato' não estabelece uma fronteira clara, nem oferece uma âncora semântica segura".

Face à ambigüidade do dispositivo em estudo, a questão hermenêutica central para afirmação da causalidade adequada passa a ser como alcançar uma interpretação que operacionalize a finalidade do dispositivo, de modo a alcançar uma hermenêutica que abarque danos que seriam remotos se considerados em uma perspectiva tão-somente lógico-temporal. Essa questão será abordada adiante com o cotejamento dos diplomas legislativos e através do respectivo desenvolvimento da idéia de causalidade adequada face à perspectiva aristotélica de Direito Privado.

4.1.1. A teoria da causalidade adequada como concretização da perspectiva aristotélica de justiça corretiva

A teoria da causalidade adequada apresenta-se como melhor explicação acerca da imputação do resultado ao agente denominado *causador*. Essa perspectiva se concretiza com maior nitidez na medida em que aceita uma concepção formalista de Direito Privado, ou seja, afastando-se das teorias funcionalistas (*law and economics* e perspectiva civil-constitucional), é permitida a definição do liame causal sem que para tanto se apele para responsabilizações calcadas em ideais utilitaristas, seja sob a égide da eficiência econômica, seja sob o manto do solidarismo.

A causalidade adequada emerge da redação do artigo 403 do Código Civil, mas deve servir de teoria harmonizadora do sistema jurídico-privado como um todo, uma vez que a razão que subjaz a responsabilização é sempre a justiça corretiva. Seguindo essa linha de raciocínio, de modo a fazer uma interpretação sistemática e em consonância com a tradição aristotélica, a seguir será realizada uma análise da teoria da causalidade adequada como critério para aferição do nexo causal no ordenamento jurídico brasileiro.

---

generalidade; entretanto, deve ser apreciado tal grau de elasticidade que legitima o juiz face à avaliação de cada pretensão ressarcitória.

[154] SILVA, Jorge Cesa Ferreira da. *Op. cit.*, p. 181.

4.1.1.1. Causalidade adequada no CC/02

O artigo 403 consubtancia a adoção da causalidade adequada como opção teórica do codificador brasileiro.[155] O dispositivo em pauta denota a adoção da teoria da causalidade adequada de modo a abarcar outras teorias, em especial, a da causa próxima e da causa eficiente, sendo excluída totalmente a teoria da equivalência das condições.

A locução já consagrada no CC/1916 e repetida no CC/02 estabelece a adoção da teoria da causalidade adequada de forma ampla, ou seja, como efeito direto e imediato há de se considerar não somente o ato/fato que temporalmente antecedeu o resultado, mas gera o dano aquela conduta comissiva ou omissiva sem a qual o evento posterior não teria ocorrido e que diante dos fatos pode ser tida como antecedente lógico do dano. Prevalece, assim, o critério da razoabilidade sobre o cronológico. Oportuno estabelecer que, não raro, a imputação do resultado pela adequação da causa coincidirá com o resultado de uma análise temporal sobre a conduta imediatamente antecedente ao resultado ulterior.

Estabelece a codificação uma racionalidade calcada na restrição da locução direto e imediato. A reconstrução da racionalidade em pauta permite reconduzir o intérprete a uma das espécies de justiça particular da tradição aristotélica: a justiça corretiva. Trata-se de colocar o peso do dever de indenizar sobre aquele que causou a perda. Prejuízos desvinculados da ação analisada não serão indenizados, senão por quem deu causa.

Veja-se que o conteúdo do dispositivo torna-se bastante restrito porque não se trata de concretizar o Direito de modo a abranger uma racionalidade utilitarista que poderia definir o afastamento da indenização ou o alargamento da responsabilização em favor de uma ideologia solidarista. Trata-se, de outra parte, de fazer justiça (valor) dentro de uma estrutura (forma, daí ser uma *arché* formalista), sem que se recorra a razões como solidariedade, eficiência econômica, dignidade humana etc. Dentro da perspectiva funcionalista há diversas vertentes, sendo que a aplicação de uma ou outra escola influencia de forma cabal o resultado do processo interpretativo. Cabe gizar, ainda, que existe muito a ser dito sobre o funcionalismo no Brasil e que uma análise mais acurada escapa ao desiderato do presente trabalho.

---

[155] Nesse sentido: CAVALIERI FILHO, Sergio. *Op, cit.,* p. 70; RIZZARDO, Arnaldo. *Op. cit.,* p. 72. Há, ainda, quem refira haver uma *teoria do dano direto e imediato,* sendo a mesma distinta da causalidade adequada e tendo sido aquela a adotada pelo CC/02. GONÇALVES, Carlos Roberto. *Op. cit.,* p. 521-526.

A aplicação de uma metodologia restritiva quanto à interpretação dos conceitos jurídicos indeterminados encontra guarida na responsabilização razoável[156] proposta pela justiça corretiva/comutativa da proposta aristotélico-tomista, sendo sua utilização lastreada no fundamento de que não há hipossuficiência nas relações civis e, portanto, um alargamento do dever de indenizar pode gerar resultados hermenêuticos desastrosos. O método teleológico conduz o intérprete a uma atuação comedida e prudente em relação ao texto do artigo 403, porque a lógica da socialização dos riscos não se aplica em relações entre iguais (civis), e a interpretação sistemática tende a remeter aos ditames da responsabilidade subjetiva. Quando da aplicação da *arché* aristotélico-tomista, busca-se restabelecer o *status quo ante*, na medida do possível, de forma vinculada aos objetivos sociais constitucionais, mas sem ferir os ditames democráticos e preservando o princípio da separação dos poderes, sendo defeso ao operador do Direito a aplicação imediata do texto constitucional, bem como o manejo do Direito Privado em desacordo com a teoria de justiça que lhe é própria e tradicional. Não se trata de ignorar o conceito de bem comum e a idéia de justiça social, mas de colocar cada forma de aplicação da justiça em seu respectivo espaço dentro do Direito.

Às noções de razoabilidade e dever de interpretação restritiva quando das relações civis agrupa-se a averiguação da causalidade adequada ao critério probabilístico. Nesse sentido é feito uma importante observação feita por Nelson Nery Júnior e Rosa Maria de Andrade Nery,[157] quando sustentam que

> A teoria da causalidade adequada, na apuração da responsabilidade, lida com a idéia cultural de probabilidade: ou seja, não é qualquer condição do processo causal que é causa. Causa é condição que se mostra apropriada para produzir o resultado que a respeito de cuja lesividade se indaga. A questão seria saber dar resposta a essa pergunta: "É um fato deste tipo apto a produzir este gênero de dano?"

---

[156] Utiliza-se aqui o conceito de razoabilidade tal qual declinado por Humberto Ávila: "Relativamente à razoabilidade, dentre tantas acepções, três se destacam. Primeiro, a razoabilidade é utilizada como diretriz que exige a relação das normas gerais com as individualidades do caso concreto, quer mostrando sob qual perspectiva a norma deve ser aplicada, quer indicando em quais hipóteses o caso individual, em virtude de suas especificidades, deixa de se enquadrar na norma geral. Segundo, a razoabilidade é empregada como diretriz que exige uma vinculação das normas jurídicas com o mundo ao qual elas fazem referência, seja reclamando a existência de um suporte empírico e adequado a qualquer ato jurídico, seja demandando uma relação congruente entre a medida adotada e o fim que ela pretende atingir. Terceiro, a razoabilidade é utilizada como diretriz que exige a relação de equivalência entre duas grandezas". ÁVILA, Humberto. *Op. cit.*, p. 103.

[157] NERY JÚNIOR, Nelson; NERY, Rosa Maria de Andrade. *Código Civil comentado*. 4. ed. São Paulo: Revista dos Tribunais, 2006. p. 609.

A perspectiva adotada pelo CC/02, entendida como aplicação da teoria da causalidade adequada em sua dimensão lógica (imputação do resultado razoavelmente esperado), permite a indenização dos danos ocorridos dentro de certo desenvolvimento, sendo analisada oportunamente a questão dos danos ambientais que exigem estudo pormenorizado sobre os danos que ocorrem após a decorrência de longo lapso temporal. A redação do dispositivo afasta de plano a indenizabilidade dos danos remotos, incertos ou hipotéticos, mas impõe a reparação das chances perdidas, tal como será abordado adiante.

4.1.2. O nexo de causalidade no Código de Defesa do Consumidor

O Código de Defesa do Consumidor não possui um dispositivo que conceitue o nexo de causalidade e nem sequer define quais os danos indenizáveis. Faz-se imperativo o intérprete buscar uma exegese harmonizadora do sistema, de modo a permitir o diálogo entre os diplomas legislativos que delineiam a responsabilidade civil em matéria consumerista, a saber: o CDC e o Código Civil. O caminho para a resolução dessa questão deve necessariamente percorrer o "diálogo das fontes", tal como sustentado por Erik Jayme, de modo a conduzir o intérprete pelo caminho da ordenação racional do sistema jurídico de Direito Privado.[158]

Como já asseverado, não existe previsão específica definindo o nexo de causalidade no CDC nem quais danos seriam indenizáveis. Portanto, são aplicáveis as disposições do diploma geral (Código Civil), exceto quanto às especificidades apresentadas pelas normas extraídas do CDC, mesmo que essas não explicitem a teoria do nexo causal adotada. O regime do nexo de causalidade no CDC é substancialmente o mesmo do Código Civil, mas deve ser adequado aos princípios e regras próprios das relações entre partes substancialmente e presumidamente diferentes.[159]

Assim, a unidade do sistema jurídico prescreve a aplicação dos artigos 402 e 403 do CC/02 às relações regidas pelo CDC, de modo a ser a responsabilidade ampliada somente nos casos de subsidiariedade[160] ou

---

[158] BENJAMIN, Antônio Herman V; MARQUES, Cláudia Lima; MIRAGEM, Bruno Nubens Barbosa. *Comentários ao Código de Defesa do Consumidor*. São Paulo: Revista dos Tribunais, 2003. p. 24 *et seq.*

[159] Fornecedor e consumidor possuem capacidades distintas para negociar, comunicar, impor comportamentos e evitar danos consoante presunção legal absoluta derivada do artigo 4º, I, do CDC.

[160] A responsabilidade é subsidiária e recai sobre o comerciante somente nas hipóteses taxativamente previstas nos incisos do artigo 13 do CDC. O direito de regresso coloca o comerciante em situação de solidariedade legal junto aos outros empreendedores da cadeia produtiva. Portanto, em uma primeira visada a responsabilidade é subsidiária e após a imputação do

solidariedade legal típica.[161] O agente sobre o qual recair o dever de indenizar nem sempre será o causador do dano e, por isso, possuirá ação de regresso contra o verdadeiro responsável na integralidade do débito. Caso não houvesse a possibilidade do exercício do direito de regresso, teria sido adotada a teoria da equivalência das condições ou até mesmo poderia ser dito que haveria responsabilidade pelo risco integral.

A adoção da teoria da causalidade adequada permite ao exegeta aferir o liame entre conduta do empreendedor e dano ao consumidor sem que incorra em perigoso arbítrio, que seria a imputação do resultado àquele agente que não possuía previsibilidade mínima do resultado danoso e que não lucrou com a lesão sofrida pelo prejudicado. A causalidade adequada permite ao operador do Direito a responsabilização daquele que poderia evitar o dano ou lucra com a atividade que deu origem ou se envolveu ativamente com o dano. Nesse ponto valeu-se o legislador dos ditames da análise econômica do Direito (*law and economics*) quando onerou com o peso da responsabilidade aquele que lucra com o empreendimento e possui menores custos de evitar os eventos danosos. A alocação da responsabilidade sobre quem puder a menor custo evitar o dano é medida imperiosa de Justiça e de eficiência econômica que, por exemplo, justifica a responsabilidade objetiva do fornecedor ante o déficit informacional que venha a assolar o consumidor.[162]

Cumpre examinar, nesse momento da presente pesquisa, o artigo 12 do CDC, *in verbis*:

> Art. 12. O fabricante, o produtor, o construtor, nacional ou estrangeiro, e o importador respondem, independentemente da existência de culpa, pela reparação dos danos causados aos consumidores por defeitos decorrentes de projeto, fabricação, construção, montagem, fórmulas, manipulação, apresentação ou acondicionamento de seus produtos, bem como por informações insuficientes ou inadequadas sobre sua utilização e riscos.

Aplica-se sistematicamente o disposto no artigo 13, parágrafo único:

> Parágrafo único. Aquele que efetivar o pagamento ao prejudicado poderá exercer o direito de regresso contra os demais responsáveis, segundo sua participação na causação do evento danoso.

---

resultado lesivo torna-se o comerciante solidário passivo e legitimado a exercer o direito de regresso. Trata-se da solidariedade legal acidental.

[161] A solidariedade legal típica é declinada no artigo 12, *caput*, do CDC.
[162] GOLDBERG, Daniel. *Poder de compra e política antitruste*. São Paulo: Singular, 2006. p. 60-61.

Da conjugação dos dispositivos extrai-se a solidariedade obrigacional sem relação de subsidiariedade. Note-se que não há menção à figura do comerciante no artigo 12.

Na mesma linha de pensamento advogada no presente trabalho, asseverou Cavalieri Filho ao analisar o artigo 12 do CDC:

> O empresário, individual ou empresa, só responderá objetivamente pelo dano causado pelo defeito do produto, considerado como tal o produto que não oferece a segurança legitimamente esperada. Não sendo assim, não poderá haver a aplicação desse dispositivo, sob pena de se criar uma responsabilidade objetiva fundada no risco integral, transformando o empresário em segurador universal. Aí não haverá indenização que baste, nem fornecedor que agüente esse tipo de responsabilidade.

Coloca bem a questão o desembargador carioca, visto que objetivação da culpabilidade, transformando-a em imputabilidade, somada à teoria da equivalência das condições, acabaria resultando na aplicação da responsabilidade pelo risco-integral, ou seja, haveria indenização de danos mesmo sem o estabelecimento do nexo de causalidade.

A perspectiva adotada no presente trabalho impõe como limite ao nascimento do dever de indenizar a existência de uma relação fática calcada na adequação e razoabilidade entre conduta e evento. Só pode existir indenização de dano quando for constatada a relação causa-efeito através da causalidade adequada. A combinação entre responsabilidade objetiva e equivalência dos antecedentes acabaria por gerar a indenizabilidade de todo e qualquer prejuízo porque haveria responsabilização face ao imprevisível, o que não se mostra *adequado*. Tratar-se-ia de manifesta violação ao princípio da razoabilidade, corolário do Estado de Direito.

A extensão do dever de indenizar ao comerciante é mera exceção e ocorre nos termos do artigo 13 do CDC:

> Art. 13. O comerciante é igualmente responsável, nos termos do artigo anterior, quando:
> I – o fabricante, o construtor, o produtor ou o importador não puderem ser identificados;
> II – o produto for fornecido sem identificação clara do seu fabricante, produtor, construtor ou importador;
> [...]
> Parágrafo único. Aquele que efetivar o pagamento ao prejudicado poderá exercer o direito de regresso contra os demais responsáveis, segundo sua participação na causação do evento danoso.

Como reconhece Manuel da Cunha Carvalho,[163] trata-se de responsabilização subsidiária do comerciante face ao lesado. Esse caráter de subsidiariedade não afasta a idéia de solidariedade legal,[164] à medida que o comerciante responde por prestação à qual não deu causa e possui ação regressiva contra o agente que determinou a ocorrência do dano, sendo aferido o liame causal sempre à luz da teoria da causalidade adequada. Porém, a solidariedade legal ocorrida após a responsabilização subsidiária não é a *típica*, prevista no artigo 12 do CDC, mas a *acidental*, constante do artigo 13, parágrafo único, do CDC.

Dispositivo de suma importância na responsabilidade civil consumerista é o de consumidor por equiparação, constante do artigo 17 do CDC, *in verbis*: "Art. 17. Para os efeitos desta Seção, equiparam-se aos consumidores todas as vítimas do evento".

Lecionam Benjamin, Marques e Miragem[165] no sentido de que

basta ser "vítima" de um produto ou serviço para ser privilegiado com a posição de consumidor legalmente protegida pelas normas de responsabilidade objetiva pelo fato do produto presentes no CDC.

Todo e qualquer lesado por dano derivado do empreendimento possui a seu favor as disposições do CDC. Interessantes precedentes podem ser encontrados na jurisprudência do Superior Tribunal de Justiça.[166] Seguem abaixo algumas ementas bastante elucidativas:

DIREITO CIVIL – RESPONSABILIDADE CIVIL – FURTO EM ESTACIONAMENTO – *SHOPPING CENTER* – VEÍCULO PERTENCENTE A POSSÍVEL LOCADOR DE UNIDADE COMERCIAL – EXISTÊNCIA DE VIGILÂNCIA NO LOCAL – OBRIGAÇÃO DE GUARDA – INDENIZAÇÃO DEVIDA – PRECEDENTES – RECURSO PROVIDO. I – Nos termos do enunciado 130/STJ, "a empresa responde perante o cliente, pela reparação de dano ou furto de veículo ocorrido em seu estacionamento". II – A jurisprudência deste Tribunal não faz distinção entre consumidor que efetua compra e aquele que vai ao local sem nada despender. Em ambos os casos, entende-se pelo cabimento da indenização em decorrência do furto de veículo. III – A responsabilidade pela indenização não decorre de contrato de depósito, mas

---

[163] CARVALHO, Manuel da Cunha. Produtos seguros, porém defeituosos: por uma interpretação do art. 12 do Código de Defesa do Consumidor. *Revista de Direito do Consumidor*, São Paulo, n. 5, p. 42, jan./mar. 1993.

[164] *Ibidem*, p. 42.

[165] BENJAMIN, Antônio Herman Vasconcelos; MARQUES, Cláudia Lima; MIRAGEM, Bruno Nunes Barbosa. *Op. cit.*, p. 277.

[166] Nos tribunais estaduais também há relevantes precedentes, tais como: TJRJ – 10ª Câmara Cível – AgIn 5.587/02 – rel. Des. Sylvio Capanema de Souza – j. 25.06.2002) e TJRJ – 7ª Câmara Cível – ApCiv 15.076/98 – rel. Des. Áurea Pimentel Pereira – j. 08.04.1999). Este último acórdão trata sobre o emblemático caso da queda do edifício Palace II em sede de ação civil pública movida pelo Ministério Público e pela associação de vítimas do desabamento do referido prédio.

> da obrigação de zelar pela guarda e segurança dos veículos estacionados no local, presumivelmente seguro (STJ – REsp 437649/SP – rel. Min. Sálvio de Figueiredo Teixeira – j. 06.02.2003).
>
> RESPONSABILIDADE CIVIL – DANO MORAL – INDENIZAÇÃO. O dano moral deve ser indenizado mediante a consideração das condições pessoais do ofendido e do ofensor, da intensidade do dolo ou grau de culpa e gravidade dos efeitos a fim de que o resultado não seja insignificante, a estimular a prática do ato ilícito, nem o enriquecimento ilícito da vítima. Possibilidade de ser apreciada em recurso especial a estimativa da indenização, quando irrisória ou exagerada, com ofensa ao disposto no art. 159 do CC (arts. 402, 927 e 944, par. único, CC/2002). Queda de uma placa de publicidade sobre veículo dirigido pela vítima, com danos materiais e morais. Recurso conhecido e provido em parte para elevar a indenização pelo dano moral de 10 salários mínimos para R$ 50.000,00 (STJ – 4ª T. – REsp 207926/PR – rel. Min. Ruy Rosado de Aguiar – j. 01.06.1999).

À luz dos precedentes fica clara a maior elasticidade conferida pelo CDC ao nexo de causalidade. Disponibilizar estacionamento e realizar propaganda através de *outdoor* são meios adequados para causarem danos de ordem patrimonial e extrapatrimonial derivados de furto ou queda de placa sobre veículo que transitava pela via pública. É visível a ampliação da teoria da causalidade adequada quando aplicada no Direito do Consumidor e isso pode ser comprovado quando da verificação do acórdão *retro* do STJ onde houve a condenação do *shopping center* pela subtração do veículo em face do aresto colacionado *citra*, que também versa sobre subtração de um bem que estava dentro de garagem de condomínio residencial:[167]

> RESPONSABILIDADE CIVIL. Condomínio. Furto de motocicleta. Garagem. Não há responsabilidade do condomínio se este não assumiu expressamente em sua convenção a obrigação de indenizar os danos sofridos pelos condôminos, decorrentes de atos ilícitos ocorridos nas áreas comuns do prédio. Precedente. Recurso conhecido e provido. (STJ – 4ª Turma – REsp 268669 / SP – Relator Min. Aldir Passarinho Junior – j. 19.04.2001).

Dos acórdãos comparados, só pode ser obtida uma conclusão: quando há lucro na atividade onde a garagem se situa, havendo, portanto, relação de consumo, há uma abrangência maior da proteção à vítima e uma expansão do que se entende por efeito direto e imediato. Por sua vez, de outra banda, quando se trata de condomínio (relação civil e não de caráter consumerista), o dever de indenizar desaparece ante a subtração de veículo porque se considera como mero caso fortuito e, conseqüentemente, exclui-se o nexo de causalidade.

---

[167] O acórdão colacionado é exemplificativo e há inúmeros julgados com o mesmo teor na Corte. No mesmo sentido são os seguintes julgados do STJ: REsp 139860; REsp 160790 e REsp 76984.

Ante o exposto, observa-se uma ampliação do conceito de causa direta e imediata que se torna ampla devido ao resultado extensivo da interpretação, que é, nessa hipótese, informada pelos ditames da socialização dos riscos e da hipossuficiência do consumidor. Nas relações entre desiguais, a teoria da causalidade adequada apresenta-se aplicável, mesmo que a responsabilização seja mais abrangente e sinta-se no CDC a influência da ideologia funcionalista que por força do princípio da legalidade deve ser respeitada, pois, afinal, *legem habemus*.

A partir do texto do artigo 17, do CDC, é que se utilizam as disposições consumeristas aos acidentes ambientais. Além da ampliação do liame causal, há em comum entre as esferas consumerista e ambiental a responsabilidade objetiva dos causadores. Através do disposto no artigo 17, do CDC, mostra-se comum encontrar na práxis o deferimento de inversão do ônus da prova em ações indenizatórias ambientais.

4.2. Aplicação da causalidade adequada e danos indenizáveis

O estabelecimento do efeito direto e imediato remete inevitavelmente à idéia de dano, sendo o desiderato a ser cumprido no próximo tópico a análise de quais efeitos são indenizáveis.

4.2.1. Os danos remotos

Os danos remotos são aqueles efeitos que são conseqüências lógicas e futuras de uma determinada conduta. Há a certeza do dano, mas cronologicamente não se trata de decorrência imediata da ação.

Sobre o tema discorreram Henri Mazeaud, Leon Mazeaud e André Tunc:[168]

> Al exigir que el perjuicio sea cirto, se entiende que no debe ser por ello simplesmente hipotético, eventual. Es preciso que el juez tenga la certeza de que el demandante se habría encontrado en una situación mejor si el demandado no hubiera realizado el acto que se queje la víctima se haya realizado ya o que deba tan sólo producirse en lo futuro. Ciertamente, cuando el perjuicio es actual, la cuestión no se plantea: su existencia no ofrece duda alguna. Pero un perjuicio futuro puede presentar muy bien los mismos caracteres de certidumbre. Con frecuencia, las consecuencias de un acto o de una situación son inelutables; de ellas resultará necesariamente en el

---
[168] MAZEAUD, Henri; MAZEAUD, Leon; TUNC, André. *Op. cit.*, p. 301-302.

porvenir un perjuicio cierto. Por eso, no hay que distinguir entre el perjuicio actual y el perjuicio futuro; sino entre el perjuicio cierto y el perjuicio eventual, hipotético.

Segundo Arnaldo Rizzardo[169] e Judith Martins-Costa,[170] esta apoiada em Clóvis Beviláqua, restaria afastada pela letra do artigo 403 do CC/02 a indenização dos danos remotos, bem como aqueles incertos ou hipotéticos. Ferreira da Silva posiciona-se em outro sentido ao sustentar serem os danos remotos indenizáveis, apoiando-se, inclusive, na súmula 491 do STF, *in verbis*: "É indenizável o acidente que cause a morte de filho menor, ainda que não exerça trabalho remunerado".

Aduz Jorge Cesa Ferreira da Silva[171] tratar-se a súmula *retro* de danos remotos, sendo o posicionamento do pretório excelso contrário à literalidade do artigo, bem como à doutrina tradicional na responsabilidade civil, de modo a ter a Suprema Corte ultrapassado a letra da disposição, privilegiando a teleologia da norma. Tal proceder do STF, almejando a indenização de danos de caráter extrapatrimonial, ainda quando se referiu ao caráter patrimonial do prejuízo, revela que, independentemente de móvel condutor das decisões, eram aceitos danos remotos ainda quando o regime próprio os afastasse, em tese.[172]

Com a devida vênia, o entendimento do professor Jorge Cesa Ferreira da Silva não deve ser acolhido. Isso porque a perda dos pais em razão da morte dos filhos é dano extrapatrimonial, como acabou por reconhecer o doutrinador, mas não somente essa é a questão a ser analisada. Trata-se de prejuízo de caráter não-patrimonial e prejuízo cuja ocorrência é conseqüência lógica do óbito, devendo ser reconhecido como lesão direta e imediata à saúde psíquica da família.

Só poderia ser reconhecido como dano remoto se a verba indenizatória servisse à compensação de danos patrimoniais, mas isso exigiria atividade laborativa da pessoa falecida, exceto se reconhecida como dano remoto a compensação a título de dano patrimonial e, daí sim, tratando-se de pessoa que ainda não exerce trabalho remunerado.

4.2.2. Danos reflexos, indiretos ou por ricochete

Os efeitos da conduta danosa podem atingir a vítima direta, bem como terceiros. As conseqüências às pessoas indiretamente li-

---

[169] RIZZARDO, Arnaldo. *Op. cit.*, p. 76.

[170] MARTINS-COSTA, Judith. *Comentários ao novo Código Civil*. V. V, t. II: arts. 389 a 420. Rio de Janeiro: Forense, 2004. p. 337.

[171] SILVA, Jorge Cesa Ferreira da. *Op. cit.*, p. 180-182.

[172] *Ibidem*, p. 180-181.

gadas ao fato são conhecidas como danos remotos, indiretos ou por ricochete.

Conceitua Jorge Cesa Ferreira da Silva:[173]

> Entende-se por "danos por ricochete", como o próprio nome já indica, o dano que decorre de outro diretamente sofrido por terceiro, a vítima direta: a esposa dona de casa e os filhos menores cujo sustento dependia do falecido em acidente sofrem tal dano.

João de Matos Antunes Varela[174] define e exemplifica acerca dos reflexos nos seguintes termos:

> Dão alguns autores também o nome de danos indiretos aos prejuízos *reflexamente* sofridos por terceiros, titulares de relações jurídicas que são afetadas pelo dano, não na sua substância, mas na sua consistência prática (credor da pessoa que é ferida mortalmente, patrão do criado que fica incapacitado de trabalhar, por virtude da agressão etc.).

Muito se discute sobre a indenizabilidade dos danos reflexos face aos artigos 402 e 403 do CC/02. A questão passa necessariamente sobre a análise da causalidade adequada para a verificação de quais os danos reparáveis e se dentre eles podem ser enquadrados os danos remotos. Como já analisou Cavalieri Filho:[175]

> Entendo que a solução deva ser buscada, uma vez mais, no nexo de causalidade. O ofensor deve reparar todo o dano que causou, segundo a relação de causalidade. O que importa é saber se o dano decorreu efetivamente da conduta do agente, já que, como vimos, em sede de responsabilidade civil predomina a teoria da causa adequada, ou da causa direta e imediata, consoante o art. 403 do Código Civil.
>
> Sendo assim, somente o dano reflexo certo e que tenha sido conseqüência direta e imediata da conduta ilícita pode ser objeto de reparação, ficando afastado aquele que se coloca como conseqüência remota, como mera perda de uma chance.

Face à jurisprudência italiana, Massimo Bianca[176] sustenta que os danos reflexos não são indenizáveis. O exemplo trazido pelo autor é de pessoa que em razão de um acidente torna-se inválida, sendo o seu cônjuge que o assiste pessoa desprovida de pretensão jurídica contra o responsável pela perda da capacidade laborativa do acidentado. Anota o jurista italiano serem ressarcíveis apenas os danos que *direttamente* atinjam uma pluralidade de interesses autônomos e

---

[173] SILVA, Jorge Cesa Ferreira da. *Op. cit.*, p. 180-202.
[174] ANTUNES VARELA, João de Matos. *Op. cit.*, p. 602.
[175] CAVALIERI FILHO, Sergio. *Op. cit.*, p. 116.
[176] BIANCA, Massimo. *Op. cit.*, p. 114-115.

plenamente identificáveis.¹⁷⁷ No mesmo diapasão, Cesare Salvi¹⁷⁸ advoga que a jurisprudência italiana não tem sido feliz ao interpretar o artigo 1.223 do *Codice* de forma a produzir decisões que reconhecem a indenizabilidade de danos mediatos e indiretos.

Ao enunciar a reparabilidade dos prejuízos cuja distância lógico-temporal seja evidente, os Tribunais italianos precisam se socorrer da tese de que aqueles danos seriam decorrência normal do fato danoso, portanto, indenizáveis.¹⁷⁹ Nota-se que, tal como advogado nesse trabalho, prevaleceu o critério teleológico da norma e não a via lógico-temporal.

Na doutrina nacional, a abordagem realizada por Jorge Cesa Ferreira da Silva¹⁸⁰ acaba por admitir a ressarcibilidade dos danos indiretos, também conhecidos por danos reflexos ou por ricochete, de modo a permitir a compensação dos prejuízos à sustentação de família cujo chefe era o responsável financeiro pela mesma. O autor exemplifica a adoção da indenizabilidade dos danos reflexos com o disposto no artigo 948, II, do CC/02, *in verbis*:

> Art. 948. No caso de homicídio, a indenização consiste, sem excluir outras reparações:
> II – na prestação de alimentos às pessoas a quem o morto os devia, levando-se em conta a duração provável da vida da vítima.

Observa-se que a própria Lei coloca o agente como solidário na obrigação alimentícia, sendo essa uma hipótese de prescrição da indenizabilidade dos danos indiretos.

4.2.3. A indenização pela "perda de uma chance"

A definição do nexo de causalidade deve ser construída sistematicamente, de modo a permitir uma exegese além do disposto no artigo 403 do Código Civil. Portanto, urge a necessidade de estabelecimento de quais os danos ressarcíveis à luz do artigo 402 do CC/02, cuja redação é a que segue:

> Art. 402. Salvo as exceções expressamente previstas em lei, as perdas e danos devidas ao credor abrangem, além do que ele efetivamente perdeu, o que razoavelmente deixou de lucrar.

---

¹⁷⁷ BIANCA, Massimo. *Op. cit.*, p. 115.
¹⁷⁸ SALVI, Cesare. *La responsabilità civile*. Milano: Giuffrè, 2005. p. 252.
¹⁷⁹ *Ibidem*, p. 252.
¹⁸⁰ SILVA, Jorge Cesa Ferreira da. *Op. cit.*, p. 202-203.

Como a aferição do nexo de causalidade perpassa necessariamente a verificação do liame entre a conduta e o dano, faz-se forçoso admitir que em algumas hipóteses não há propriamente um prejuízo enquadrável nas clássicas categorias dos danos emergentes e lucros cessantes. Aqui se afigura muito problemática a hermenêutica do preceito *direto e imediato*, sendo prudente o exame da doutrina e de algumas decisões judiciais que se manifestaram expressamente sobre a matéria:

> [...]
> 4. RECONHECIMENTO DE ERRO MÉDICO NO ACOMPANHAMENTO PÓS-OPERATÓRIO. Não é tolerável a condução do tratamento desidioso no pós-operatório, quando o médico deixou de identificar quadro clínico sugestivo de complicação pós-cirúrgica, aí sim, ocorrente a responsabilidade do facultativo que agiu com negligência e imperícia. TEORIA DA PERDA DE UMA CHANCE. A perda de uma chance, teoria desenvolvida na França, configura um tipo especial de dano. Surge quando pela intervenção médica (ou não intervenção) o paciente perde a possibilidade de se curar ou de se ver livre de determinada enfermidade. Admite-se, portanto, a culpa do médico sempre que sua ação ou omissão compromete as chances de vida ou de integridade do paciente. Posto isto, configurada a responsabilidade do demandado pelo agravamento do quadro clínico da autora, que o conduziu a risco de vida devido ao quadro de infecção generalizada, com conseqüências múltiplas, ainda que não se possa afirmar que o agir determinasse resultado diverso do efetivamente ocorrido, a conduta do demandado subtraiu da autora a chance de evitar ou minimizar o padecimento experimentado, e, por isto, incorre no dever de indenizar.
> [...]
> (Apelações Cíveis nos processos 70013783782 e 70015046824. 9ª Câmara Cível do TJRS. Relator: Des. Odone Sanguiné. Julgamento em 12 de julho de 2006).

Ao lado do exemplo da perda da chance de determinado litigante face ao processo judicial em que seu advogado não interpõe o recurso no prazo hábil, esse julgado ilustra a situação de paciente que, submetida à tratamento, vê esvair-se suas expectativas legítimas de cura, conforme reconhece a doutrina.[181] A ementa desse acórdão representa a adoção expressa da teoria da perda de uma chance face ao tratamento médico inadequado que resultou em agravamento do estado de saúde da paciente. É do voto vencedor prolatado pelo Desembargador Tasso Cauby Soares Delabary:

> A teoria da perda de uma chance, de larga utilização no direito comparado, especialmente no francês, porém de uso ainda tímido no direito pátrio, tem aplicabilidade quando em situação de erro médico a prova, sempre de difícil consecução, que envolve análise técnica e científica, na maioria das vezes ou quase sempre fora do domínio do juiz, dependente de perícias realizadas por médicos ou mesmo por testemunhos por estes prestados, onde ainda vigora um espírito de corpo travestido de

---
[181] SILVA, Jorge Cesa Ferreira da. *Op. cit.*, p. 172.

ética médica, torna difícil, quiçá impossível, a identificação do nexo causal, entre o ato danoso e o resultado, sem o que não há dever de indenizar. Daí a aplicabilidade da teoria da perda de uma chance que não questiona do liame causal, mas apenas responsabiliza pela sonegação ao paciente de uma chance que lhe foi subtraída caso o dever médico tivesse sido observado independentemente do resultado.

Veja-se que não somente ocorreu a indenização pelos danos à integridade física e psíquica, mas também foi compensado o prejuízo decorrente aos interesses da paciente em conseguir a cura do mal que a acometia quando da procura do médico. É justamente na compensação da perda da chance de cura que reside a complexidade da questão do acórdão, bem como a interpretação realizada a partir do disposto nos artigos 402 e 403 do CC/02.

Sobre o tema, Jorge Cesa Ferreira da Silva[182] assevera:

Se o dano deve ser entendido como aquele que assim é para o lesado, então há que se aceitar que aquele que, por ato imputável a outro, perdeu chances de obter um ganho ou de não sofrer um prejuízo deve ser também indenizado. O dano, portanto, não se traduz em algo concreto, que se perde ou que se deixa de ganhar, mas em chances, que o lesado deixa de ter.

No mesmo sentido, leciona Cesare Salvi:[183]

All'espressione "perdita di chance", mutuata dalla esperienza francese, ricorre talvolta la giurisprudenza più recente per consentire il risarcimento del danno futuro, com maggiore larguezza rispetto all'impostazione tradizionale, sotto il profilo della certeza e delle dimensioni economiche delle conseguenze future di un fatto lesivo (ad. es., il calciatore dilettante costrettp a interrompere la carriera a seguito di um incidente automobilístico, che fa valere l'autonoma posta risarcitoria consistente nella perdita della possibilita di intraprendere l'attività di calciatore professionista).

Caso houvesse o dever de indenizar por toda e qualquer chance perdida em decorrência de ato ilícito, ocorreria um regresso infinito, sendo, portanto, indenizáveis apenas as possibilidades cabalmente anunciadas quando do curso dos fatos já conhecidos as tenhamos como decorrência lógica, ou seja, as chances têm de ser factíveis e razoáveis à época do evento danoso. No mesmo sentido é a lição de Jorge Cesa Ferreira da Silva:[184] "Entende-se que as chances são

---

[182] SILVA, Jorge Cesa Ferreira da. *Op. cit.*, p. 172.

[183] SALVI, Cesare. *Op. cit.*, p. 109-110. Tradução livre: A expressão "perda de uma chance", herdada pela experiência francesa, recorre à jurisprudência italiana mais recente para permitir o ressarcimento do dano futuro com maior amplitude do que a postura tradicional, no que toca à certeza e dimensão econômica das conseqüências futuras de um fato lesivo (p. ex.: um jogador de futebol amador obrigado a interromper a carreira em razão de um acidente automobilístico que faz surgir uma autônoma verba ressarcitória consistente na perda da possibilidade de atuar como jogador de futebol profissional).

[184] SILVA, Jorge Cesa Ferreira da. *Op. cit.*, p. 172.

indenizáveis somente quando o processo que conduza a elas já se tenha iniciado".

Leciona Judith Martins-Costa[185] a evolução da teoria da perda de uma chance pelo acolhimento pelo Direito do progresso auferido no campo da Estatística, sendo o aspecto probabilístico decisivo para a indenizabilidade de oportunidades não aproveitadas em razão de atos danosos. Assevera a professora os aspectos basilares da teoria de forma sucinta:

> Na responsabilidade pela perda de uma chance, o que é indenizado é justamente a chance de não alcançar determinado resultado, ou de auferir certo benefício, chance que foi perdida pela vítima em razão de ato culposo do lesante. As chances devem ser "sérias e reais", como no caso de alguém que ingressa em juízo, mas, no curso da lide, o advogado incorre em negligência grave (p. ex., perde o prazo para recorrer), extinguindo, assim, qualquer chance de a ação vir a ser julgada procedente.[186]

Mais um exemplo de aplicação expressa da teoria da perda de uma chance é dada pela jurisprudência gaúcha, quando analisou a situação de pedreiro que recebeu oferta de emprego, mas foi declarado inapto para o desenvolvimento da função por clínicas médicas contratadas pela empresa interessada na mão-de-obra do lesado. Veja-se excerto da ementa:

> APELAÇÃO CÍVEL. AGRAVO RETIDO. RESPONSABILIDADE CIVIL. ILEGITIMIDADE PASSIVA. DANOS MATERIAIS E MORAIS. EXAME ADMISSIONAL. INAPTIDÃO INCORRETAMENTE ATESTADA. PERDA DE UMA CHANCE. DEVER DE INDENIZAR CONFIGURADO. HONORÁRIOS ADVOCATÍCIOS. [...] 4. O laudo das requeridas traz a conclusão de estar o demandante inapto para esta função, qual seja, a função que envolve trabalho em altura e com uso de força excessiva. O laudo exclui, portanto, a toda evidência, a possibilidade de o autor desenvolver sua profissão de pedreiro. 5. Contudo, toda a prova dos autos indica situação contrária, ou seja, aponta para o fato de o demandante estar em condições normais de saúde e apto para o desenvolvimento de suas atividades laborais. Assim, comparando-a ao laudo apresentado pelas requeridas, houve, por parte destas, erro na interpretação do resultado dos exames e não nos exames em si. E, diante disso, tendo o autor sido considerado inapto ao trabalho quando, na verdade, estava apto ao exercício normal de suas atividades laborais –, deixou de ser contratado por uma empresa cuja proposta de trabalho era inequívoca. 6. Mantido o valor dos honorários advocatícios em 20% da condenação. Art. 20, § 3°, do CPC. APELO E AGRAVO RETIDO DESPROVIDOS. UNÂNIME. (Apelação Cível N° 70016746646, Nona Câmara Cível, Tribunal de Justiça do RS, Relator: Iris Helena Medeiros Nogueira, Julgado em 01/11/2006).

---

[185] MARTINS-COSTA, Judith. *Comentários ao novo Código Civil. Op. cit.*, p. 359.
[186] *Ibidem*, p. 361.

Nem sequer a posição da teoria em pauta guarda consenso na doutrina. Sergio Cavalieri Filho[187] situa a perda de uma chance dentre os lucros cessantes; segue a mesma linha o professor Carlos Roberto Gonçalves,[188] quando aduz, a respeito do artigo 402, que *"Lucro cessante é a frustração da expectativa de lucro. É a perda de um ganho esperado"*.

De outra banda, Judith Martins-Costa[189] analisa a questão em sede de verificação do nexo de causalidade ao comentar o artigo 403 do Código Civil.

A priori, não é clara a diferença entre deixar de auferir lucro e perder a oportunidade de ganho, mas um exame mais detido mostra que são espécies de prejuízos bastante distintos.

O lucro cessante refere-se tão-somente à perda patrimonial,[190] enquanto a chance perdida pode referir-se à vantagem de cunho pecuniário ou não. Pode ser vislumbrado que o ganho para configurar lucro cessante deve ser futuro, porém certo. Por outro lado, a perda de chance indenizável é uma compensação realizada de modo a estipular um valor pecuniário à probabilidade de que certo fato ocorra, sendo maior ou menor conforme e na medida em que as circunstâncias denotarem uma propensão à certa obtenção de êxito, seja esse uma cura, uma pretensão procedente em juízo ou um emprego.

Note-se que quem pára de trabalhar em virtude de determinado acidente recebe indenização a título de danos emergentes e lucros cessantes. Aquele que possui a expectativa de obter um emprego e não o consegue em razão de ato danoso de outrem possui direito à reparação dos danos ocorridos em sua esfera patrimonial em sentido atual, entendido como a efetiva e imediata diminuição do patrimônio,[191] bem como pela perda da chance de ser contratado.

Face ao exposto, há de ser dito que as chances perdidas são danos indenizáveis e constituem fonte importante para o estabelecimento do nexo de causalidade.

---

[187] CAVALIERI FILHO, Sergio. *Op. cit.*, p. 90.
[188] GONÇALVES, Carlos Roberto. *Op. cit.*, p. 629.
[189] MARTINS-COSTA, Judith. *Comentários ao novo Código Civil. Op. cit.*, p. 358 *et seq.*
[190] CAVALIERI FILHO, Sergio. *Op. cit.*, p. 90.
[191] *Ibidem*, p. 90.

5. Excludentes de causalidade

As hipóteses de exclusão do nexo causal, também conhecidas como excludentes de responsabilidade, delimitam a relação entre dano e conduta, de modo a evitar que aquele que apenas aparentemente der causa seja obrigado a indenizar. Essa questão possui grande importância prática, pois apenas com limites bem delineados pode ser imputado o resultado ao seu verdadeiro causador.

As excludentes de causalidade na seara extracontratual são: caso fortuito, força maior, fato exclusivo da vítima e fato de terceiro. O liame entre inadimplemento contratual e prejuízo é rompido quando das quatro hipóteses anteriores além da existência da cláusula de não-indenizar.

5.1. Caso fortuito e força maior

O caso fortuito e a força maior foram previstos no artigo 1.058 do Código Civil de 1916 e contemplados novamente pelo atual, no artigo 393, como excludentes de responsabilidade. Embora exista controvérsia entre a terminologia, é de ser gizada a isonomia com que o legislador tratou as duas causas de interrupção do nexo causal. As diferenças entre uma e outra possuem escasso significado prático, avultando a importância do correto entendimento da extensão das mesmas.

O caso fortuito é definido como o evento humano, imprevisível e, por isso, inevitável, enquanto a força maior (*act of God*) caracteriza-se pela previsibilidade e inevitabilidade do evento decorrente da natureza.¹⁹² Exemplos de caso fortuito são guerras, greves e determinações do Poder Público (*factum principis*), enquanto podem ser arrolados ilustrativamente como hipóteses de força maior os terremotos, as inundações e os incêndios decorrentes de causas naturais.¹⁹³

Yussef Said Cahali adverte que, embora o caso fortuito e a força maior sejam excludentes de responsabilidade no Direito Privado, o mesmo não ocorre quando se trata da responsabilidade civil do Estado.¹⁹⁴ Parece ter sido nessa linha o posicionamento do STF na já revogada súmula 187, em que não era elidido o dever de indenizar do transportador face à culpa de terceiro, contra o qual teria ação regressiva. O entendimento jurisprudencial foi recepcionado pela Lei nº 10.406/2002, em seu artigo 734, sendo reconhecida a exclusão de responsabilidade apenas diante de força maior. Parece-nos que é duvidosa a constitucionalidade da norma em voga, uma vez que não há permissão constitucional para a adoção da teoria do risco integral, o que culminaria por ocorrer face à imputação de resultado a outrem mesmo na existência de caso fortuito, isso em uma interpretação *prima facie*. Mostra-se o dispositivo em tela apto a sofrer uma interpretação conforme a constituição que delimite seus termos dentro da quadra axiológica e teleológica da Carta Maior, conforme revela a doutrina e extrai-se de alguns julgados colacionados *infra*.

De outra banda, Marçal Justen Filho advoga que o caso fortuito e a força maior excluem a responsabilidade em todos os ramos do Direito, inclusive ante demanda contra o Estado.¹⁹⁵ Para o doutrinador, o Estado só deve ser responsabilizado ante o descumprimento de todas as cautelas específicas derivadas do dever de diligência a ele imposto.¹⁹⁶ Exemplo colacionado pelo professor é o da ocorrência de uma tempestade que acarreta a destruição de via pública e a falta de sinalização por parte do Estado no sentido de informar as pessoas que por ali transitam da situação excepcional de tráfego e que vem a ocasionar um acidente automobilístico. Para o administrativista, nessa hipótese não deve ser excluída a responsabilidade do Estado.¹⁹⁷

---

¹⁹² CAHALI, Yussef Said. *Responsabilidade civil do Estado*. 2. ed. São Paulo: Malheiros, 1996. p. 55-56; *Idem*. Responsabilidade civil do Estado. *In*: ———. (Coord.). *Responsabilidade civil*: doutrina e jurisprudência. 2. ed. São Paulo: Saraiva, 1988. p. 372-373; CAVALIERI FILHO, Sergio. *Op. cit.*, p. 91.; VIEIRA, Patricia Ribeiro Serra. *Op. cit.*, p. 43. A terminologia em tela pode ser encontrada invertida, como refere VENOSA, Silvio de Salvo. *Op. cit.*, p. 57.

¹⁹³ VENOSA, Silvio de Salvo. *Op. cit.*, p. 57.

¹⁹⁴ CAHALI, Yussef Said. *Responsabilidade civil do Estado. Op. cit.*, p. 55.

¹⁹⁵ JUSTEN FILHO, Marçal. *Curso de Direito Administrativo*. São Paulo: Saraiva: 2005. p. 804.

¹⁹⁶ *Ibidem*.

¹⁹⁷ *Ibidem*, p. 805.

Instigante questão é suscitada pela adoção da culpa exclusiva de terceiro como excludente de causalidade à luz do CDC, já que essa excludente se assemelha muito ao caso fortuito, diferenciando-se apenas quanto à existência da identificação do terceiro,[198] sendo esse dispositivo inteiramente aplicável aos contratos de transporte. Parece que a finalidade da omissão do legislador, ao excluir do contrato de transporte a exclusão do caso fortuito, foi a proteção do contratante face aos fatos inerentes aos riscos da atividade do transportador, tal como leciona Cahali ao advogar a indenizabilidade dos prejuízos decorrentes de disfunções próprias do funcionamento da Administração Pública.[199]

Há na doutrina e na jurisprudência a divisão do caso fortuito em externo e interno e cremos que a definição desses termos possa aclarar essa polêmica questão acerca do contrato de transporte. Sergio Cavalieri Filho[200] sustenta a relação do caso fortuito interno com a atividade desenvolvida pelo transportador, exemplificando com o infarto do piloto ocorrido durante o vôo de um Boeing. Como caso fortuito externo, aduz ainda o autor, que se trata de evento não relacionado à atividade da empresa e tendo como outra característica ser inevitável.

Estranhamente, aduz Cavalieri Filho[201] que seriam exemplos de caso fortuito externo as tempestades e as enchentes; no entanto, causa-nos certa perplexidade, uma vez que estariam visivelmente dentro da própria definição do autor do que seria força maior. Outra questão não esclarecida pelo Desembargador carioca é a razão de ser uma das características do caso fortuito externo a inevitabilidade, pois a força maior e o caso fortuito externo também o são, conforme aduzido pelo autor na mesma obra. Talvez, tenha querido o doutrinador asseverar que o caso fortuito externo é inevitável, mas previsível, nos mesmos termos em que a força maior; no entanto, o traço distintivo do caso fortuito interno seria, assim, a previsibilidade, além da autonomia em relação à organização do transporte.

Ainda sobre a aplicabilidade da força maior e do caso fortuito, cumpre a análise da jurisprudência a esse respeito. A pesquisa jurisprudencial inicia por situação bastante complexa submetida à análise do mais alto guardião da legislação infraconstitucional do país, a saber, o STJ.

---

[198] VIEIRA, Patricia Ribeiro Serra. *Op. cit.*, p. 46.
[199] CAHALI, Yussef Said. *Responsabilidade civil do Estado. Op. cit.*, p. 55-56.
[200] CAVALIERI FILHO, Sergio. *Op. cit.*, p. 322.
[201] *Ibidem*, p. 91.

O Superior Tribunal de Justiça[202] deparou-se com situação fática que exigiu a delimitação da aplicabilidade da excludente da força maior quando julgou recurso especial em sede de demanda indenizatória em que era postulada a condenação de transporte de valores em face do atropelamento de transeunte. O caso versava sobre acidente ocorrido quando o motorista de um carro-forte abandonou o veículo ao sofrer ataque violento de assaltantes que, munidos de metralhadoras, começaram a atirar de cima de viaduto. Desgovernado, o veículo atingiu uma pessoa que transitava na calçada, tendo o carro-forte parado só quando de sua colisão com um muro.

Em primeira instância, o julgador proferiu sentença no sentido da improcedência do pleito indenizatório, uma vez que o roubo caracteriza força maior e interrompe o nexo de causalidade. Assim, decidiu-se pela interrupção do desdobramento causal e inexistência do dever de indenizar.

Em segunda instância, o Tribunal de Alçada de São Paulo reformou a sentença. O fundamento do acórdão foi a existência de nexo de causalidade entre o despreparo dos agentes de segurança da empresa e a ineficácia da blindagem do veículo de transporte de valores. Ao julgar no sentido da procedência do apelo, o Tribunal sustentou a inexistência de força maior e, conseqüentemente, a existência do dever compensatório.

No STJ, o Ministro Menezes Direito decidiu no sentido do provimento do recurso especial, pois o roubo seria excludente de responsabilidade sob a forma de força maior. De outra banda, os Ministros Nilson Naves e Eduardo Ribeiro entenderam que a teoria do risco da atividade impõe o dever de indenizar aos transportadores que lucram com atividade cuja periculosidade mostra-se notória. Assim, afastaram a excludente do caso fortuito e mandaram indenizar.

Na quadra da discussão em tela, pode ser observado que os precedentes *infra* ilustram a existência de situação em que não foi declarado interrompido o liame causal pela existência de caso fortuito interno:

> APELAÇÃO CÍVEL. AÇÃO INDENIZATÓRIA. DANOS MORAIS. USO INDEVIDO DO NÚMERO DO CPF E OUTROS DOCUMENTOS DE PESSOA FÍSICA. *QUANTUM* COMPENSATÓRIO. PRINCÍPIO DA RAZOABILIDADE E PROPORCIONALIDADE.
> Induvidoso o dever de indenizar daquele que inscreveu indevidamente o nome de outrem perante os cadastros restritivos de crédito, morniente ante a inexistência de qualquer relação jurídica entre as partes. O cuidado necessário para a concessão de crédito pela instituição bancária é inerente à sua própria atividade, sendo, portanto, caso fortuito interno, não havendo que se falar em aplicação da norma do art.

---

[202] STJ, 3a Turma, REsp 185.659-SP, relator Min. Nilson Naves, j. em 26.06.2000.

14, § 3º, II, CDC, até porque inexistia relação de consumo entre as partes. A verba compensatória pelo dano moral deve atender ao princípio da razoabilidade, à extensão da ofensa e às condições socioeconômicas das partes. Além disso, tem caráter didático e de exemplaridade. (Recurso Improvido 2005.001.20248 – Apelação Civel Rel. Des. Jose C. Figueiredo – Julgamento: 21/09/2005 – Décima Primeira Camara Civel, TJRJ).

AÇÃO INDENIZATÓRIA. COLISÃO DE COLETIVOS. CONTRATO DE TRANSPORTE INADIMPLIDO. EVENTO ANTERIOR AO NOVO CÓDIGO CIVIL, REGIDO PELO DISPOSTO NO DECRETO Nº 2.681, DE 07 DE DEZEMBRO DE 1912, CONSOANTE EXPLICITADO PELO VERBETE Nº 187 DA "SÚMULA" DO EGRÉGIO SUPREMO TRIBUNAL FEDERAL. ALEGAÇÃO DE CULPA DE TERCEIRO QUE EXCLUI O DEVER DE INDENIZAR. O transportador só se exonera do dever de indenizar provando o caso fortuito, força maior e culpa exclusiva da vítima. Por se tratar de fortuito interno, a culpa de terceiro em colisão de veículos, previsível e inerente ao ramo de negócio, não exonera a transportadora da obrigação de indenizar, a ela cabendo apenas o direito de regresso. Desprovimento do recurso. (2005.001.28203 – Apelação Civel Rel. Des. Sergio Lucio Cruz – Julgamento: 05/10/2005 – Décima Quinta Câmara Civel, TJRJ).

No sentido de ter havido interrupção do nexo de causalidade devido à ocorrência de caso fortuito externo, seguem os julgados:

APELAÇÃO CÍVEL – RESPONSABILIDADE CIVIL. ASSALTO EM COLETIVO, QUE RESULTOU NA MORTE DE UM DOS PASSAGEIROS – CASO FORTUITO EXTERNO EXCLUDENTE DE RESPONSABILIDADE DA EMPRESA CONCESSIONÁRIA DE SERVIÇO PÚBLICO – FATO DE TERCEIRO, QUE NÃO GUARDA QUALQUER RELAÇÃO COM O CONTRATO DE TRANSPORTE – Improcedência da alegação de que se trata de fato previsível e de que cabe ao empresário tomar medidas para coibir os freqüentes assaltos aos passageiros, uma vez que a sua ocorrência é inevitável, diante da impossibilidade de se precisar o dia e o momento em que o coletivo será assaltado, mesmo porque a referida empresa não contribuiu, em nenhum momento, para a ocorrência do evento danoso. Recurso desprovido. Sentença confirmada. (Apelação Civel 2005.001.09327 – Rel. Des. Binato de Castro – Julgamento: 04/10/2005 – Décima Segunda Câmara Civel, TJRJ).

RESPONSABILIDADE CIVIL. ROUBO DE CARGA. EXCLUSÃO DA RESPONSABILIDADE DA TRANSPORTADORA. FATO DECORRENTE DE CONDUTA DOLOSA DE TERCEIRO. CONFIGURAÇÃO DE CASO FORTUITO EXTERNO. IMPOSSIBILIDADE DE COMPENSAÇÃO. Protestos que devem ser realizados de imediato, visto que não dotado de efeito suspensivo eventual, recurso especial ou extraordinário. Apelação a que se nega provimento. (Apelação Cível nº 70007136518, Sexta Câmara Cível, Tribunal de Justiça do RS, Relator: Carlos Alberto Álvaro de Oliveira, Julgado em 10/03/2004).

APELAÇÃO CÍVEL. RESPONSABILIDADE CIVIL. SEGURADORA. DIREITO DE REGRESSO CONTRA A TRANSPORTADORA. INCABIMENTO. ROUBO À MÃO ARMADA. CASO FORTUITO EXTERNO. Ausente o dever da transportadora em ressarcir o valor despendido pela seguradora, que efetuou o pagamento da indenização devida ao seu segurado, quando as mercadorias foram roubadas por assalto à mão armada, configurado o caso fortuito externo que exonera a empresa de responsabilidade. Apelo Desprovido. (Apelação Cível nº 70005893920, Sexta Câmara Cível, Tribunal de Justiça do RS, Relator: Artur Arnildo Ludwig, Julgado em 26/11/2003).

Em situação similar à constante da última ementa colacionada *retro*, o STJ, ao decidir sobre recurso especial, proferiu acórdão no sentido de considerar força maior o roubo e não caso fortuito externo – como se posicionou o TJRS em diversas vezes. Veja-se:

APELAÇÃO CIVIL – RESPONSABILIDADE CIVIL – TRANSPORTE DE MERCADORIAS – ASSALTO – FATO DE TERCEIRO – ART. 14, § 3º DO CDC. I – Segundo jurisprudência desta Corte assalto ou roubo constitui força maior excludente da responsabilidade do transportador pela perda das mercadorias. II – Aplicável, ao caso, o § 3º do art. 14 do Código de Defesa do Consumidor. III – O seguro a que está obrigado o transportador, referido no art. 10 do Decreto 61.867/67, é de responsabilidade civil e garante o reembolso dos valores que a empresa for obrigada a desembolsar, quando desobedecer o contratado, por sua culpa. IV – Recurso não conhecido. (STJ, 3ª turma, REsp 164155-RJ, relator min. Waldemar Zveiter, j. 02.03.99).

Ante o exposto, verificou-se que o Código Civil de 2002 tratou caso fortuito e força maior como excludentes de nexo de causalidade com efeitos semelhantes, exceto em alguns dispositivos, tais como os artigos 734 e 936,[203] que excluem a responsabilidade apenas quando da ocorrência de força maior; no entanto, cabe à jurisprudência definir em que termos se dará a aplicação dos respectivos dispositivos e se equiparará a força maior ao caso fortuito. Conforme sustentado pela doutrina e sinalizado pelas decisões colacionadas, verificou-se que o caso fortuito interno não exclui a responsabilidade porque não significa a existência de interrupção do nexo de causalidade, de modo a confirmar a exclusão da teoria do risco integral pelo legislador civil.

5.2. Fato de terceiro

Quando pessoa diversa do autor aparente do dano o tiver causado, caracterizar-se-á a exclusão da responsabilidade, cabendo ao demandado pelo prejuízo a identificação e convocação desse terceiro

---

[203] "Art. 734. O transportador responde pelos danos causados às pessoas transportadas e suas bagagens, salvo motivo de força maior, sendo nula qualquer cláusula excludente da responsabilidade".

"Art. 936. O dono, ou detentor, do animal ressarcirá o dano por este causado, se não provar culpa da vítima ou força maior".

para compor a relação processual. Havendo simples alegação, não se exonerará o autor aparente do dever de indenizar, podendo este, quando vier a ter consciência de quem foi o verdadeiro causador do resultado, propor contra ele ação regressiva.[204]

Quando não for possível saber quem é o terceiro supostamente causador do evento, pode ser ventilada a ocorrência de caso fortuito, sendo novamente necessário discutir o caráter externo ou interno do mesmo, tal como leciona Patricia Ribeiro Serra Vieira.[205]

Sergio Cavalieri Filho aponta a proximidade entre o fato de terceiro, o caso fortuito e a força maior, sendo uma conduta estranha ao autor aparente, de caráter imprevisível e inevitável. Aduz, ainda, tratar-se de exclusão do nexo de causalidade que surge quando de ação indenizatória ajuizada equivocadamente contra o causador aparente.[206]

O Código de Defesa do Consumidor alude expressamente à exoneração de responsabilidade por fato de terceiro nos artigos 12, § 3º, III, e 14, § 3º, II. O Código Civil não fez alusão expressa a essa excludente de responsabilidade.

O fato de terceiro mostra-se como uma das hipóteses de caso fortuito, sendo cabível sua definição como de caráter externo, ou seja, existe rompimento do liame causal. A indenizabilidade do dano ante fato de terceiro não identificado somente deve ocorrer quando se tratar de mera alegação não provada; assim, quando ficar evidenciada a ocorrência de evento por força de outrem, mesmo que não identificado, restará escusado o autor aparente de qualquer dever ressarcitório. Tratando-se de fato de terceiro inexoravelmente ligado à atividade exercida, em outros termos, fazer parte da gama de riscos assumidos e inerentes ao tipo de conduta, não de se está falando de interrupção do nexo causal, mas de mero caso fortuito interno.

Abaixo estão arrolados alguns precedentes que ilustram a aplicação da excludente de responsabilidade em tela. Os próximos julgados excluem a responsabilidade do transportador quando da ocorrência de assalto:

> RESPONSABILIDADE CIVIL. FATO DE TERCEIRO. ASSALTO A TRANSPORTE COLETIVO. AUSÊNCIA DE CULPA. A empresa que explora o transporte coletivo não tem obrigação de garantir a segurança de seus passageiros contra o fato de terceiro, principalmente na hipótese de assalto à mão armada, o que não seria impedido sequer pela própria vítima, ante a total impossibilidade de interromper, de

---
[204] VIEIRA, Patricia Ribeiro Serra. *Op. cit.*, p. 46.
[205] *Ibidem*, p. 46-49.
[206] CAVALIERI FILHO, Sergio. *Op. cit.*, p. 90.

impedir o evento danoso praticado. Não se reconhece, pois, o dever de indenizar por parte da empresa, ante a alegação do agir culposo, introduzido pela omissão, em face de danos sofridos pelo passageiro que resulta ferido em assalto praticado no interior de transporte coletivo. Ausência de nexo causal e de culpa. Responsabilidade civil não reconhecida. Apelo improvido. (Apelação Cível Nº 70008902553, Décima Câmara Cível, Tribunal de Justiça do RS, Relator: Paulo Antônio Kretzmann, Julgado em 24/06/2004).

TRANSPORTE. ASSALTO. RESPONSABILIDADE. NÃO CARACTERIZAÇÃO. Não responde o transportador pelos danos decorrente de assalto. Fato de terceiro não passível de ser imputado ao transportador. Impossibilidade de o transportador evitar o sinistro. RECURSO PROVIDO. (Recurso Cível Nº 71001173475, Segunda Turma Recursal Cível, Turmas Recursais, Relator: Maria José Schmitt Santanna, Julgado em 10/01/2007).

Os acórdãos analisados evidenciam a irresponsabilidade decorrente de assalto a passageiro, caracterizando-se a violência urbana como fato de terceiro, ou seja, caso fortuito externo nos termos expostos *retro* no presente trabalho.

Em sentido diametralmente oposto é o aresto cuja ementa é a que segue:

AÇÃO DE INDENIZAÇÃO. RESPONSABILIDADE CONTRATUAL. ART. 37, § 6º, DA CONSTITUIÇÃO FEDERAL. FATO DE TERCEIRO. FORTUITO EXTERNO – INOCORRÊNCIA. MORTE NO INTERIOR DE COLETIVO DURANTE ASSALTO. RESPONSABILIDADE OBJETIVA. (TJRJ – 9ª Câmara. Ap. Cível 4.013/00. Relator Des. Paulo César Salomão. Julgado em 12.09.2000).

O seguinte julgado aduz a existência do nexo de causalidade, quando o fato de terceiro não se revestir da característica da inevitabilidade ou imprevisibilidade, nos seguintes termos:

ACIDENTE DE TRÂNSITO. RESPONSABILIDADE. O FATO DE TERCEIRO, SE NÃO SE REVESTIR DE CARACTERÍSTICAS DE CASO FORTUITO OU FORÇA MAIOR, NÃO EXCLUI A RESPONSABILIDADE DO CAUSADOR DIRETO DE DANO. Culpa caracterizada por excesso de velocidade para quem trafega entre 80 a 90 km/h, à noite, com neblina, circunstâncias que reduzem a visibilidade à frente a cerca de dez metros. Imprudência. Nexo causal presente entre a ação culposa e o resultado capotagem de outro veículo. Agravo retido improvido. Apelação improvida. (Apelação Cível nº 196104244, Primeira Câmara Cível, Tribunal de Alçada do RS, Relator: Ari Darci Wachholz, Julgado em 15/01/1997).

O próximo acórdão versa sobre a inexistência de exclusão de responsabilidade do Estado perante dano causado por incidente decorrente do desenvolvimento de seu respectivo dever constitucional de prover a educação e manter a ordem do ambiente escolar, havendo procedência da demanda indenizatória do lesado que teve seu veículo danificado por cadeira arremessada por aluno. Segue a ementa:

> RESPONSABILIDADE DO ESTADO. FALHA DO SERVICO. NEXO DE CAUSA E EFEITO. A DANIFICAÇÃO DE VEÍCULO ESTACIONADO, PERTENCENTE A PARTICULAR, POR CAUSA DE OBJETO (UMA CADEIRA) JOGADA POR UM ALUNO DE ESCOLA ESTADUAL, RESPONSABILIZA CIVILMENTE O ESTADO. Nao se trata de responsabilidade por fato de terceiro (o aluno) e sim por falha do servico, que nao tem suficiente vigilância sobre seus alunos para impedir a prática de atos de vandalismo. Apelação improvida. (Apelação Cível 596244434, Primeira Câmara Cível, Tribunal de Justiça do RS, Relator: Tupinambá Miguel Castro do Nascimento, Julgado em 05/03/1997).

Assim, há distinção entre a responsabilização do Estado em atos comissivos e omissivos, sendo que os atos omissivos serão avaliados pela metodologia da culpa, enquanto os comissivos pela responsabilidade objetiva.[207] É diferente do Direito Privado, em que, no caso acima, em sendo escola particular, estaríamos falando de relação de consumo, em que a escola seria condenada pelo ato do aluno sem avaliação dos elementos negligência, imprudência e imperícia, apenas e tão somente por ter sido o ato lesivo originado dela.

O derradeiro acórdão analisado nesse tópico tratará da exclusão da responsabilidade do fornecedor em relação ao consumidor quando outro cliente o agride, de modo a ter sido decidido que não há dever de vigilância tão severo ao ponto de ser indenizável qualquer dano ocorrido dentro do estabelecimento. Veja-se:

> INDENIZATÓRIA. AGRESSÃO FÍSICA. 1. Agressão perpetrada por cliente em estabelecimento comercial (supermercado). Pretensão dirigida, cumulativamente, contra o ofensor e a fornecedora, esta por não ter adotado medidas de segurança. Impossibilidade de se exigir do estabelecimento, dadas as circunstâncias concretas, providências outras que não as tomadas. Impossibilidade de vigiar, simultaneamente,

---

[207] Quanto à responsabilização objetiva ou subjetiva face à omissão do Poder Público, tanto a jurisprudência quanto a doutrina mostram-se vacilantes. Segundo CAVALIERI FILHO, Sergio. A responsabilidade civil prevista no Código de Trânsito brasileiro à luz da Constituição Federal. *Revista dos Tribunais*, a. 88, n. 765, p. 88, jul. 1999, STOCO, Rui. *Op. cit.*, p. 961-962) e GONÇALVES, Carlos Roberto. *Op. cit.*, p. 183, há precedentes do STF no sentido da responsabilização objetiva do Estado em face de omissão. Um deles é o recurso extraordinário n. 109.615 de relatoria do Ministro Moreira Alves. De outra parte, Rui Stoco colaciona extensa doutrina e jurisprudência sustentando a responsabilidade subjetiva do Estado face à teoria da falta do serviço. STOCO, Rui. *Op. cit.*, p. 960 *et seq.*

No sentido da existência de responsabilidade objetiva em face de omissão do Poder Público, posicionam-se: CAVALIERI FILHO, Sergio. *Programa de responsabilidade civil. Op. cit.* p. 248; e BRUNINI, Weida Zancaner. *Apud* STOCO, Rui. *Op. cit.*, p. 960.

No sentido da responsabilização subjetiva quando ocorrer dano derivado da inércia estatal: FREITAS, Juarez. *Estudos de Direito Administrativo*. São Paulo: Malheiros, 1997. p. 122; MELLO, Celso Antonio Bandeira de. *Curso de Direito Administrativo*. 11. ed. São Paulo: Malheiros, 1999. p. 689; RIZZARDO, Arnaldo. *Op. cit.*, p. 367; e STOCO, Rui. *Op. cit.*, p. 964 *et seq.*

todos os clientes que transitam pelo local. Fato de terceiro. Excludente do dever de indenizar. 2. Embora impossível verificar, pela prova colhida, qual das partes provocou a discussão, certo é que a requerida que se excedeu na desavença, agredindo fisicamente a autora. A agressão física praticada, mesmo que um simples tapa, por atingir a vítima em sua dignidade, conduz ao dever de indenizar. 3. *Quantum* indenizatório fixado em valor irrisório, portanto insuficiente para o atendimento da dúplice finalidade do instituto dos danos morais. Majoração da verba. Recurso parcialmente provido. (Recurso Cível 71001030980, Terceira Turma Recursal Cível, Turmas Recursais, Relator: Luiz Antônio Alves Capra, Julgado em 09/01/2007).

Assim, verificou-se que a casuística é rica em hipóteses de exclusão do nexo causal em razão do fato de terceiro; porém, há situações nas quais a aplicabilidade da excludente se revela controvertida.

5.3. Fato exclusivo da vítima

O fato exclusivo da vítima, também conhecido como culpa exclusiva da vítima, caracteriza a exclusão da responsabilidade do autor material quando o fato decisivo do evento ocorrer por força do comportamento da vítima.[208] A origem dessa causa de rompimento do liame causal data de 1912, tendo sido instituída através do Decreto nº 2.681, que regula a responsabilidade das estradas de ferro, sendo aplicável aos outros meios de transporte até o início da vigência do CC/2002. Foi novamente reconhecida como excludente de responsabilidade no artigo 6º da Lei nº 6.453/77, sendo exonerado do dever de indenizar o operador nuclear por dano ocorrido exclusivamente por culpa da vítima.

Tal como ocorreu no Código Civil de 1916, a Lei nº 10.406/2002 não previu expressamente essa excludente do nexo de causalidade, sendo disposta como atenuante de responsabilidade na redação do artigo 945, nos seguintes termos:

> Art. 945. Se a vítima tiver concorrido culposamente para o evento danoso, a sua indenização será fixada tendo-se em conta a gravidade de sua culpa em confronto com a do autor do dano.

Não de se falar em rejeição dessa excludente pelo Código Civil vigente, porque se a culpa concorrente diminui o *quantum* indenizatório, com mais razão a culpa exclusiva elimina toda a responsabilidade sobre o dano. Coloca-se aqui a determinação romana de que

---
[208] CAVALIERI FILHO, Sergio. *Programa de responsabilidade civil.* Op. cit., p. 89.

quem se submete a um dano não pode alegar que o sofreu (*Quod quis ex culpa sua damnum sentit, non intellegitur damnum sentire.*).[209]

No que tange à responsabilidade civil do Estado, aduz Cahali[210] que, havendo culpa exclusiva da vítima, não existe dano injusto; logo, não existe pretensão ressarcitória. Aduz, ainda, o professor da USP, que, se dando a lesão devido ao comportamento do lesado, não há de se falar em indenização, uma vez que a adoção do risco administrativo apenas exonera o prejudicado de provar a culpa do Estado, visto que não recepcionada por nós a teoria do risco-integral.[211-212]

No mesmo sentido é o importante esclarecimento de Juarez Freitas:[213]

> [...] sem adotar a teoria do risco integral – que seria um contra-senso, por implicar presunção absoluta de causalidade –, o nosso sistema acolheu, no art. 37, § 6º, da

---

[209] VIEIRA, Patricia Ribeiro Serra. *Op. cit.*, p. 45.

[210] CAHALI, Yussef Said. *Responsabilidade civil do Estado*. Op. cit., p. 64-65.

[211] *Ibidem*, p. 58-65.

[212] Exceção na legislação brasileira é a adoção da responsabilidade civil por danos derivados de manipulação de energia nuclear. É da Lei n. 6.453/77:
Art. 4º – Será exclusiva do operador da instalação nuclear, nos termos desta Lei, independentemente da existência de culpa, a responsabilidade civil pela reparação de dano nuclear causado por acidente nuclear:
I – ocorrido na instalação nuclear;
II – provocado por material nuclear procedente de instalação nuclear, quando o acidente ocorrer:
a) antes que o operador da instalação nuclear a que se destina tenha assumido, por contrato escrito, a responsabilidade por acidentes nucleares causados pelo material;
b) na falta de contrato, antes que o operador da outra instalação nuclear haja assumido efetivamente o encargo do material;
III – provocado por material nuclear enviado à instalação nuclear, quando o acidente ocorrer:
a) depois que a responsabilidade por acidente provocado pelo material lhe houver sido transferida, por contrato escrito, pelo operador da outra instalação nuclear;
b) na falta de contrato, depois que o operador da instalação nuclear houver assumido efetivamente o encargo do material a ele enviado.
Art. 5º – Quando responsáveis mais de um operador, respondem eles solidariamente, se impossível apurar-se a parte dos danos atribuível a cada um, observado o disposto nos artigos 9º a 13.
Art. 6º – Uma vez provado haver o dano resultado exclusivamente de culpa da vítima, o operador será exonerado, apenas em relação a ela, da obrigação de indenizar.
Art. 7º – O operador somente tem direito de regresso contra quem admitiu, por contrato escrito, o exercício desse direito, ou contra a pessoa física que, dolosamente, deu causa ao acidente.
Art. 8º – O operador não responde pela reparação do dano resultante de acidente nuclear causado diretamente por conflito armado, hostilidades, guerra civil, insurreição ou excepcional fato da natureza.

[213] FREITAS, Juarez. *Estudos de Direito Administrativo*. Op. cit., p. 121.

Lei maior, a responsabilidade civil objetiva como fruto de longo e denso processo evolutivo.

Gize-se que apenas a culpa exclusiva isenta de indenizabilidade, quando houver concorrência de culpas, preceitua o artigo 945 do CC/2002, o dever ressarcitório parcial de modo proporcional, atuando, assim, como excludente parcial. O Código de Defesa do Consumidor alude expressamente à culpa exclusiva da vítima como excludente do nexo de causalidade nos artigos 12, § 3º, III, e 14, § 3º, II.

5.4. Cláusula de não-indenizar

A definição da presente excludente de responsabilidade é dada por Cláudio Bonatto[214] nos termos que seguem:

> As cláusulas de não-indenizar são instituídas com o objetivo de permitir a um dos sujeitos contratantes subtrair-se às conseqüências patrimoniais advindas de um fato cuja responsabilidade a ele é atribuível. Trata-se de uma declaração de vontade expressa no sentido de modificar os efeitos legais que se produziriam na ausência dessa estipulação.

Essa excludente de causalidade por razões óbvias só possui aplicação na seara da responsabilidade civil contratual. O fundamento da referida escusativa foi o artigo 1.025 do Código Civil de 1916, sendo adotada pela Lei nº 10.406/2002, nos artigos 840-850,[215] quando da regulamentação do contrato de transação. Essa excludente de responsabilidade já era conhecida no Direito romano e possui o condão de equilibrar a tensão entre os interesses da parte lesada e da tutela da livre iniciativa, assim como institutos semelhantes como a cláusula limitativa do dever de indenizar, a cláusula penal e o seguro de responsabilidade.[216]

Há limites para a convenção sobre a responsabilidade civil contratual, pois do contrário se romperia o sinalagma (*synállagmasi*) contratual com a anuência do ordenamento jurídico, hipótese inconcebível pela sistemática jurídico-privada contemporânea. A ordem pública, a boa-fé objetiva, os bons costumes, preceito cogente de lei e o sinalagma próprio de cada pacto, seja comutativo ou aleatório, constituem entraves à exclusão de responsabilidade civil através da

---

[214] BONATTO, Cláudio. *Código de Defesa do Consumidor:* cláusulas abusivas nas relações contratuais de consumo. 2. ed. Porto Alegre: Livraria do Advogado, 2006. p. 49.
[215] VIEIRA, Patricia Ribeiro Serra. *Op. cit.,* p. 50.
[216] DIAS, José de Aguiar. *Cláusula de não-indenizar.* 4. ed. Rio de Janeiro: Forense, 1980. p. 14-20.

cláusula em tela, também devendo inoperar qualquer tipo de previsão que exclua o dever de indenizar ante falta grave ou dolo de uma das partes.[217]

A jurisprudência do Supremo Tribunal Federal, consolidada através da súmula 161, restringiu a aplicação da excludente de responsabilidade em tela, tornando sua convenção nula quando versar sobre obrigação de transporte. A redação do enunciado é o seguinte: "161. Em contrato de transporte, é inoperante a cláusula de não indenizar". Veja-se que o entendimento sumulado foi contemplado quando da redação do CC/02, como pode ser depreendido do artigo 734, *in verbis*:

> Art. 734. O transportador responde pelos danos causados às pessoas transportadas e suas bagagens, salvo motivo de força maior, sendo nula qualquer cláusula excludente da responsabilidade.

O Código de Defesa do Consumidor, em seu artigo 51, I, determina que a cláusula poderá ser considerada abusiva se impossibilitar, exonerar ou atenuar a responsabilidade do fornecedor, salvo se o consumidor for pessoa jurídica, podendo, assim, ser limitada eventual indenização em condições justificáveis. Esse preceito visa assegurar os direitos decorrentes do CDC em seu caráter cogente, devido ao disposto no artigo 1°, que define serem as normas de proteção dos consumidores como ditames de ordem pública, relativizando-se, assim, a autonomia privada.[218] Até mesmo pela necessidade de divisão dos riscos da vida em sociedade[219] não há de se assentir com o sacrifício de direito da parte vulnerável da relação negocial, inclusive porque, em geral, as cláusulas são elaboradas unilateralmente pela parte mais forte.

Cláudio Bonatto[220] assevera que, em regra, toda e qualquer cláusula que contenha óbice ao dever legal de indenizar atribuído ao fornecedor é abusiva e, portanto, nula de pleno direito, sendo ilegítima sua inclusão nas relações contratuais de consumo, exceto em se tratando de consumidor pessoa jurídica, hipótese na qual é possível a diminuição da responsabilidade. O posicionamento do doutrinador é correto, na medida em que é permitida a cláusula limitadora/atenuante do dever de indenizar quando se tratar de pessoa jurídica como consumidora por força do disposto no artigo 51, I,

---

[217] VIEIRA, Patricia Ribeiro Serra. *Op. cit.*, p. 49.
[218] MARQUES, Cláudia Lima. *Contratos no Código de Defesa do Consumidor*. 3. ed. São Paulo: Revista dos Tribunais, 1999. p. 416-417.
[219] BENJAMIN, Antônio Herman Vasconcelos; MARQUES, Cláudia Lima; MIRAGEM, Bruno Nubens Barbosa. *Op. cit.*, p. 628.
[220] BONATTO, Cláudio. *Op. cit.*, p. 50 *et seq.*

do CDC, mormente em razão do diferente grau de vulnerabilidade dessa espécie de consumidor.

Quanto à cláusula limitadora de responsabilidade, imprescindível faz-se colacionar a lição de Nelson Nery Junior e Rosa Maria de Andrade Nery:[221]

> Não é sempre, contudo, que essa cláusula é válida, pois para tanto é necessário que o elemento valorativo da norma esteja presente, já que somente em *situações justificáveis* é que se admite. Fica ao juiz a tarefa de dizer quando a situação justifica a limitação da responsabilidade civil do fornecedor. O caso concreto é que vai ensejar ao magistrado a integração desse *conceito jurídico indeterminado* (grifo nosso).

Em diversos dispositivos do CDC, tutela-se o direito à indenização como direito indisponível. Especial atenção merece o disposto no artigo 25, com a seguinte redação: "Art. 25. É vedada a estipulação contratual de cláusula que impossibilite, exonere ou atenue a obrigação de indenizar [...]".

A cláusula de não-indenizar comporta uma variante denominada cláusula de não-indenizar cruzada (*cross-waiver of liability*), determinante da transação sobre os riscos para ambas as partes. Antonio Junqueira de Azevedo[222] sustenta que esse instituto atende à reciprocidade exigida pelo princípio do equilíbrio contratual, esse, o qual é regido, por sua vez, pela regra geral da boa-fé objetiva. O doutrinador ainda sustenta que essa existência de direitos e obrigações correlatos quanto a eventuais danos é importante em tempos em que a autonomia privada cede espaço para a solidariedade social, em nossos tempos hodiernos, quando o controle sobre as relações econômicas deixa de ser estatal para ser social.

Conforme o exposto, verifica-se a necessidade de aplicação bastante criteriosa da cláusula de não-indenizar, especialmente quando se verificar desequilíbrio entre as partes, seja esse presumido pela condição de consumidor ou por dados da realidade que fragilizem a autonomia privada dos contratantes em relações civis. A idéia central dessa excludente é pré-definir o *quantum* de eventual indenização, de modo a viabilizar o pacto, não servindo para justificar uma vantagem exagerada de um dos contratantes e uma espoliação da outra parte em uma relação contrária aos ditames axiológicos da ordem jurídica vigente.

---

[221] NERY JÚNIOR, Nelson; NERY, Rosa Maria de Andrade. *Leis civis comentadas*. São Paulo: Revista dos Tribunais, 2006. p. 223.

[222] Cláusula cruzada de não-indenizar (*cross-waiver of liability*) ou cláusula de não-indenizar com eficácia para ambos os contratantes – renúncia ao direito de indenização – promessa de fato de terceiro – estipulação em favor de terceiro. *REVISTA dos Tribunais*, São Paulo, a. 88, v. 769, p. 104-105, nov. 1999.

6. A reparação dos danos ambientais face aos pressupostos da responsabilidade civil

Nesta parte do trabalho, adentraremos na questão ambiental, abordando seus pressupostos e sua dogmática como um todo, sempre de modo sistemático, ora relacionando essa seara com outras áreas do Direito, ora com outras ciências, como a Biologia e a Sociologia. Essa brevíssima incursão sobre a responsabilidade civil em matéria ambiental possui como finalidade última situar o problema do nexo de causalidade face ao dano de caráter ambiental.

6.1. Sociedade de risco: a importante função do princípio do poluidor-pagador e a justa medida da indenização

A modernidade avançada[223] coloca o ser humano em uma situação em que o aumento de riquezas e desenvolvimento tecnológico são acompanhados do incremento e transformação dos riscos.[224] Abandona-se a idéia de sociedade de classes e, conseqüentemente, de uma luta de classes para admitir-se uma cruzada contra os riscos. Essa mudança de paradigma deve-se a pelo menos duas condições: o nível alcançado pelo desenvolvimento de técnicas produtivas e a

---

[223] Alguns denominam esse período de Pós-Modernidade, suscitando polêmica que não será abordada por extrapolar o objeto do presente trabalho. Aqueles que apostam nesse conceito descrevem o nosso tempo como um período novo, mesmo que ainda seja uma realidade que surja em delineamentos bastante indefinidos. Favoráveis à Pós-Modernidade podem ser relacionados, à guisa de exemplo: Lyotard (o criador do presente conceito), Jean Arnaud, Boaventura de Souza Santos, Zygmunt Bauman, Erik Jayme e Ignácio Ramonet; no Brasil, Marilena Chauí, Daniel Sarmento, Luís Roberto Barroso, Antônio Junqueira de Azevedo, Cláudia Lima Marques e Judith Martins-Costa. Contra a idéia de que ultrapassamos a Modernidade: Jüergen Habermas, Ulrich Beck, Anthony Giddens, e, no Brasil, Lenio Luiz Streck.

[224] BECK, Ulrich. *La sociedad del riesgo*. Barcelona/Buenos Aires: Paidós Ibérica, 1998. p. 25.

segurança material trazida pelo Estado Social (*Welfare State*) nos países desenvolvidos ocidentais.[225]

A idéia de risco não é nova, sendo inerente à existência humana. Isto posto, cabe-nos ter claro que não vivemos uma sociedade de risco em sentido estrito. Há na história uma zona gris, na qual estamos imersos, onde permanecem problemas milenares, fome, doenças, desigualdade social, ao mesmo tempo em que somos expostos a perigos com características eminentemente novas.[226]

Ocorre uma contínua "democratização" dos riscos. Essa distribuição dos riscos, no entanto, não é homogênea, vez que Ulrich Beck metaforiza estarmos todos na mesma barca, mas alguns são capitães, outros passageiros etc.[227]

O homem sempre se viu cercado de ameaças. No começo dos tempos, a fome, doenças e animais selvagens colocavam o ser humano diariamente em testes em que a menor das falhas poderia significar a morte. Na Antigüidade, as guerras e as doenças eram os maiores males que uma pessoa poderia temer, já que as técnicas de cultivo e defesa já haviam sido dominadas. Na Idade Média, além das guerras de dominação territorial, agregou-se outro tipo de perigo: as perseguições religiosas. Esse período foi marcado, ainda, por outra intempérie avassaladora, conhecida como a Peste Negra.[228]

Do medievo até os dias de hoje, problemas tradicionais, como guerras (religiosas, civis ou de expansão territorial) e doenças, continuam a assolar o mundo, mas, a partir da segunda metade do século XX, um elemento novo na idéia de risco é vislumbrado. O risco passa a ser global e não mais ameaça apenas a existência de uma pessoa concretamente considerada e exposta à determinada situação, passando a ser contemplada uma ameaça da existência da sociedade como um todo.[229] Para tutelar o meio ambiente e garantir o mínimo de qualidade de vida aos seres humanos, surge um ramo autônomo do Direito, a saber, o Direito Ambiental.

Sem dúvida essa seara do Direito surgiu com vocação para ser universalizável. O mero fato de um acidente com produtos nocivos ter a potencialidade de atingir diversos países distintos já é hábil para despertar a consciência de que os países devem se unir em bus-

---

[225] BECK, Ulrich. *La sociedad del riesgo*. Barcelona/Buenos Aires: Paidós Ibérica, 1998. p. 25-26.

[226] BECK, Ulrich. *Op. cit.*, p. 27.

[227] *Idem*. *Políticas ecológicas en la edad del riesgo*. Barcelona: El Roure, 1998. p. 258-259.

[228] Enfermidade amplamente conhecida como peste bubônica, cujo nome científico é *Yersinia pestis*.

[229] BECK, Ulrich. *La sociedad del riesgo*. *Op. cit.*, p. 27.

ca de um planeta com mais vida, essa entendida em suas mais variadas formas. Como asseverou Ulrich Beck, "ahí reside precisamente su novedosa fuerza política".[230]

Um exemplo do alcance dos danos decorrentes de riscos manufaturados pôde ser sentido pela explosão da usina nuclear ucraniana de Chernobil, cujos efeitos puderam ser observados sobre toda a Europa, mesmo muito tempo depois do episódio.[231] Sobre esse acidente, Carlos Alberto Bittar aduz que foi o maior acidente nuclear conhecido até então, tendo inclusive conseqüências futuras ainda insabíveis.[232]

A questão da mobilização mundial em busca de um mundo com melhores condições ambientais e, conseqüentemente, de maior qualidade de vida para o ser humano divide opiniões. Geraldo Eulálio do Nascimento e Silva advoga a existência do Direito Ambiental Internacional como um ramo do Direito, cujos sujeitos são os Estados, mas giza, ainda, a crescente importância das organizações internacionais, sobressaindo a importância das Nações Unidas e das organizações intergovernamentais, como a UNESCO, FAO, IMO e outras tantas com funções específicas, cabendo à PNUMA (Programa das Nações Unidas para o Meio Ambiente) a coordenação das demais.[233]

De outra banda, Guido Fernando Silva Soares defende a existência de uma tutela específica dos recursos naturais dentro do ramo do Direito Internacional, de modo que haja um Direito Internacional do Meio Ambiente. Assim, o professor da Universidade de São Paulo aduz que não existe o Direito Ambiental Internacional, mas tão-só a utilização do conjunto normativo e de toda sistemática já tradicional no Direito Internacional.

A degradação do meio ambiente é um dos mais graves problemas que a humanidade vem enfrentando desde a segunda metade do século XX. Alguns fatores que desencadearam essa crise entre o ser humano e a natureza podem ser detectados, tais como:

---

[230] BECK, Ulrich. *La sociedad del riesgo. Op. cit.*, p. 80. Essa afirmação não se tornou realidade ainda, visto que a consciência acerca da necessidade de regras e metas claras sobre a emissão de gases tóxicos ainda não é compartilhada por todos os países do mundo. Um exemplo da falta de efetividade do Direito Ambiental internacional é a não-adesão dos Estados Unidos da América ao Protocolo de Kyoto.

[231] *Idem. Políticas ecológicas en la edad del riesgo. Op. cit.*, p. 132 *et seq.*

[232] BITTAR, Carlos Alberto. *O Direito Civil na Constituição de 1988.* 2. ed. São Paulo: Revista dos Tribunais, 1991. p. 201-202. Aduz, ainda, o autor a importância da fiscalização e responsabilização do Brasil face a acidentes radioativos como o ocorrido em Goiânia, quando da contaminação por Césio 137.

[233] SILVA, Geraldo Eulálio do Nascimento e. *Direito Ambiental internacional.* Rio de Janeiro: Thex, 2002. p. 5.

exploração excessiva e descontrolada dos recursos naturais, desenvolvimento tecnológico, urbanização e industrialização. Todo esse cenário é capaz de produzir conseqüências irreversíveis e de difícil delimitação.[234]

Os danos coletivos ganharam grande importância a partir do momento em que as causas da poluição – desmatamentos, destruição de espécie de animais etc. – passaram a gerar em nossa sociedade fatos importantes de agressão ao próprio homem. Os resíduos e emissões de gases tóxicos decorrentes do exercício industrial foram lançados na atmosfera, de modo a se tornarem cada vez mais presentes em nosso dia-a-dia, a ponto de algumas atividades gerarem perdas irrecuperáveis de elementos da fauna, da flora e outros diversos prejuízos ao bem-estar humano.

Sem saber exatamente quais as conseqüências de suas ações, após um processo de intensa industrialização, "a sociedade começa a ter medo de si mesma".[235] Essa preocupação atinge o Direito de forma indelével. Assim, o meio ambiente atinge no Brasil a destacada posição de bem jurídico protegido constitucionalmente.[236] A questão ambiental não ficou restrita ao âmbito legislativo, reescrevendo toda a complexa teoria dos direitos fundamentais, em suas respectivas dimensões ou gerações.[237]

O direito fundamental ao meio ambiente equilibrado decorre da importância da natureza para a vida dos seres humanos,[238] sendo mais um elemento do sistema jurídico que aponta no sentido da qualidade de vida e condição para o desenvolvimento da personalidade. Trata-se de um direito fundamental de terceira gera-

---

[234] MORENO, Lucía Velásquez. Responsabilidad civil por dano ambiental. *In*: GUERSI, Carlos A. (Coord.). *Los nuevos daños*: soluciones modernas de reparación. 2. ed. Buenos Aires: Depalma, 2000. v. 1. p. 264.

[235] *Ibidem*.

[236] Determina a CF/88 sobre a tutela do meio ambiente em diversos dispositivos, sendo o mais importante para o presente trabalho o artigo 225, na redação que segue: "Art. 225. Todos têm direito ao meio ambiente ecologicamente equilibrado, bem de uso comum do povo e essencial à sadia qualidade de vida, impondo-se ao Poder Público e à coletividade o dever de defendê-lo e preservá-lo para as presentes e futuras gerações".

[237] Utilizam a denominação "gerações": BOBBIO, Norberto. *A era dos direitos*. Rio de Janeiro: Campus, 1992. p. 5; MORAES, Alexandre. *Direito Constitucional*. 13. ed. São Paulo: Atlas, 2003. p. 59. Preferindo o uso do termo "dimensões", veja-se: SARLET, Ingo Wolfgang. *A efetividade dos direitos fundamentais*. 3. ed. Porto Alegre: Livraria do Advogado. 2003. p. 50. Trataremos indistintamente dos conceitos porque a análise dos termos exige e merece estudo mais pormenorizado que não constitui o objeto do presente trabalho.

[238] SILVA, José Afonso da. *Direito Ambiental Constitucional*. 4. ed. São Paulo: Malheiros, 2002. p. 58.

ção/dimensão para a coletividade em geral e relacionado ao valor fraternidade.[239]

O Direito Ambiental institui uma série de medidas de cunho preventivo[240] que visam tutelar o bem jurídico "meio ambiente". Dentre essas medidas, avultam em importância dois mandados[241] de especial diligência àqueles que agem de forma a exercer atividade que envolve qualquer espécie de risco[242] ambiental. Trata-se dos princípios da precaução e da prevenção. Ambas as normas possuem o risco como condição ínsita à sua correta aplicação.[243] Importa notar que esses dois princípios estão contidos dentro de um ideal de reparação dos danos com delineamentos bastante específicos no Direito Ambiental, qual seja, o princípio do poluidor-pagador.

O princípio[244] do poluidor-pagador determina que toda empresa deve incluir em seu planejamento de custos o *quantum* necessário à reparação ambiental decorrente da sua ação face ao meio ambiente. Lição importante trazida por Thais Cercal Dalmina Losso é de que a norma em tela prescreve que a poluição não deve valer a pena para a empresa.[245] Porém, *data maxima venia*, ao contrário do que asseverou a autora, defendemos no presente trabalho que a reparação deve ser eqüitativa, ou seja, deve guardar proporção entre dano e indenização, visto que a idéia de que o ressarcimento deve ser maior do que os lucros aferidos com a atividade reproduz um paradigma

---

[239] As gerações/dimensões de direitos fundamentais seguem os ideais da Revolução Francesa, sendo o valor liberdade o norte da 1ª geração/dimensão, a igualdade a diretriz da fundamentalidade de 2ª geração/dimensão e a 3ª geração/dimensão encontra-se lastreada na construção de uma sociedade mais fraterna.

[240] A natureza eminentemente preventiva do Direito Ambiental é asseverada por Edis Milaré e Paulo José da Costa Júnior. MILARÉ, Edis; COSTA JÚNIOR, Paulo José da. *Direito Penal Ambiental*: comentários à Lei nº 9.605/98. Campinas: Millennium, 2002. p.1.

[241] O termo "mandado" foi utilizado no sentido de normas que ordenam que algo seja realizado na maior medida possível, consoante ensinamento de Robert Alexy. ALEXY, Robert. *Teoria de los derechos fundamentales*. Madrid: Centro de Estudios Constitucionales, 1997. p. 86.

[242] No presente trabalho não faremos a distinção entre risco e perigo, uma vez que sua omissão não representa prejuízo para o desenvolvimento da presente análise.

[243] AYALA, Patryck de Araújo; LEITE, José Rubens Morato. *Direito Ambiental na sociedade de risco*. Rio de Janeiro: Forense Universitária, 2002. p. 62.

[244] Sem adentrar na tormentosa discussão acerca das espécies e estruturas normativas, gizamos que a idéia de reparação de todos os danos causados ao meio ambiente possui traços daquilo que Ronald Dworkin denominou de política (*policy*), sem, no entanto, ser-lhe negada a natureza do que se entende hodiernamente como princípio jurídico. DWORKIN, Ronald. *Levando os direitos a sério*. Tradução de Nelson Boeira. São Paulo: Martins Fontes, 2002. p. 36. Inclusive o próprio Dworkin assume a impossibilidade de uma distinção de aplicação universalizável. *Ibidem*, p. 36-37.

[245] LOSSO, Thais Cercal Dalmina. Princípios da Política Global do Meio Ambiente no Estatuto da Cidade. *In*: SILVA, Bruno Campos (Coord.). *Direito Ambiental*: enfoques variados. São Paulo: Lemos & Cruz, 2004. p. 78.

funcionalista. O princípio do poluidor-pagador tem lógica essencialmente reparatória, sendo vedada qualquer estipulação indenizatória de cunho utilitarista (*punitive damages*), por mais nobres que sejam os fins a serem almejados.

José Rubens Morato Leite assevera a possibilidade de indenizabilidade dos danos extrapatrimoniais individuais, mas também no âmbito coletivo, ou seja, advoga o autor que existe o dever de reparar a lesão sofrida pela coletividade em sua dimensão moral. Nesse ponto pedimos vênia para discordar do referido autor por basicamente duas razões. A primeira é a de que não fica claro o bem jurídico atingido quando se trata de uma suposta dupla acepção do dano ambiental extrapatrimonial, qual seja, a da existência da possibilidade de lesão tanto da esfera individual quanto da esfera coletiva. Isso porque a indenizabilidade dos direitos difusos nos termos postos pelo doutrinador nada mais são do que a mera reparação do dano ao meio ambiente considerado em si mesmo, não tendo relação alguma com uma suposta extrapatrimonialidade, categoria própria dos danos atinentes às pessoas consideradas singularmente. O segundo motivo para não aderir ao autor em tela é o caráter eminentemente punitivo que sustenta tal concepção.

A idéia de exigir reparação além do dano efetivamente considerado não é nova, deitando raízes no Direito anglo-saxão, e faz parte da tradição jurídica de alguns países,[246] mas não da nossa. Uma nova consideração dos interesses extrapatrimoniais dos indivíduos importa impreterivelmente em *bis in idem*, ou seja, exige-se o pagamento de ressarcimento maior que o dano causado, face à nova cobrança. Admitimos a indenizabilidade dos danos causados contra direitos difusos; porém, cremos que a titularidade para a cobrança e a natureza do bem jurídico impõem a conclusão de que se trata de dano ao Estado. No mesmo sentido posicionam-se Judith Martins-Costa e Mariana Souza Pargendler, ao sustentarem a impossibilidade de adesão a uma doutrina que não encontra respaldo legislativo mínimo para sua aplicabilidade no Brasil.[247]

Um último argumento pode ser lançado contra a função punitiva da indenização no Brasil, qual seja, a da sua ilegalidade. Preceitua o Código Civil, em seu artigo 944, que:

---

[246] Austrália, Canadá (exceto Quebéc), Estados Unidos da América (exceto Louisiana), Inglaterra, Irlanda, Nova Zelândia, País de Gales e outros tantos países da África. GILISSEN, John. *Op. cit.*, p. 20.

[247] PARGENDLER, Mariana Souza; MARTINS-COSTA, Judith. Usos e abusos da função punitiva: "punitive damages" e o Direito brasileiro. *Revista da AJURIS*, Porto Alegre, v. 32, n. 100, p. 259-262, dez. 2005.

Art. 944. A indenização mede-se pela extensão do dano.
Parágrafo único. Se houver excessiva desproporção entre a gravidade da culpa e o dano, poderá o juiz reduzir, eqüitativamente, a indenização.

Fica, assim, bastante claro que a indenização deve ser mensurada no limite do prejuízo invocado e provado, sendo despicienda qualquer verificação de maior ou menor culpa, ou até de dolo, para a quantificação da reparação, exceto para minorar o valor do ressarcimento.

É cediço que para a doutrina dos *punitive damages* importa a punição de sujeitos que se portam em sociedade de maneira torpe e temerária, de modo que o Direito dos países que acolhem tal instituto priorizam não o ressarcimento e sequer focam-se sobre o tamanho do dano. Busca-se, nos países da *common law*, primordialmente a visualização de condutas a serem reprimidas e da sua penalização. Essa possibilidade somente existe devido à falta de distinção entre Direito Público e Direito Privado.

A instituição da responsabilidade objetiva em diversos dispositivos espalhados tanto na Constituição Federal quanto na legislação ordinária impede a avaliação da conduta do agente, pois os pressupostos da obrigação de indenizar serão outros, a ação/omissão, dano e nexo causal. Esse paradigma da responsabilidade sem culpa impõe a facilitação da reparação de todo e qualquer dano, mas deixa fora do Direito Privado qualquer tipo de obrigação de cunho repressivo, ficando esse viés adstrito ao Direito Público.[248] Não é outro o entendimento de Sergio Cavalieri Filho, ao sustentar que

> No Cível a indenização é proporcional ao dano sofrido pela vítima, já que o objetivo da indenização – tornar indene – é reparar o dano o mais completamente possível.[249]

Em outra passagem advogou o doutrinador, *in verbis*:

> A indenização, não há dúvida, deve ser suficiente para reparar o dano, o mais completamente possível, e nada mais. Qualquer quantia a maior importará enriquecimento sem causa, ensejador de novo dano.

---

[248] Sobre o Direito Privado e a punição, ver: PARGENDLER, Mariana Souza; MARTINS-COSTA, Judith. *Op. cit.* Para uma análise acurada das funções do Direito Privado, ver: MICHELON JÚNIOR, Cláudio Fortunato. *Op. cit.* Contra a função eminentemente reparatória da indenização no Direito Privado brasileiro, Galeno Lacerda defendeu um caráter misto reparador-punitivo da obrigação oriunda da responsabilidade civil. LACERDA, Galeno. Indenização do dano moral – parecer. *Revista dos Tribunais*, São Paulo, v. 728, p. 98, jun. 1996.

[249] CAVALIERI FILHO, Sergio. *Programa de responsabilidade civil. Op. cit.*, p. 49, 108.

6.2. Princípios da prevenção e da precaução no Direito brasileiro

Como asseveramos supra, dentro do espectro do poluidor-pagador, encontramos diversos princípios instrumentalizadores da proteção do meio ambiente e da devida reparação por parte daqueles que lesionam o direito difuso ao ecossistema equilibrado, cabendo-nos destacar os princípios da precaução e da prevenção.

O princípio da precaução, nas palavras de Ana Gouveia e Freitas Martins,[250]

[...] constitui um meio de lidar com a incerteza científica, seja em relação ao nexo causal entre um determinado processo ou substância e um dado dano ou efeito, seja no que toca ao conhecimento dos riscos associados a esse efeito.

O princípio em voga, ao suscitar uma regra de puro bom senso, de modo a apelar à idéia de ser devida por todos uma atitude prudente em sociedade, obriga-nos a uma adesão imediata.[251] Trata-se de norma que tem como escopo prevenir a degradação do meio ambiente, constituindo-se em meio de, no âmbito do Direito nacional e também no cenário internacional, dar eficácia e efetividade à política ambiental.[252]

A Constituição Federal consagrou um capítulo[253] inteiro sobre a tutela do meio ambiente, delineando no artigo 225, *caput*, os termos da ação do Estado e da sociedade no sentido de amparo às mais diversas formas de vida e das gerações futuras. Como leciona Márcia Elayne Berbich de Moraes:[254]

[...] a proteção à vida, através da preservação do meio ambiente "ecologicamente equilibrado", não é apêndice desnecessário em nossa Carta Constitucional.

No mesmo sentido é a preocupação de Luigi Ferrajoli[255] ao examinar a Constituição italiana, quando aduz que:

Um programa de direito penal mínimo deve apontar a uma massiva deflação dos "bens" penais e das proibições legais, como condição da sua legitimidade política e jurídica. É possível, também, que nesta reelaboração fique evidenciada a opor-

---

[250] MARTINS, Ana Gouveia e Freitas. *O princípio da precaução no Direito do Ambiente*. Lisboa: Associação Acadêmica da Faculdade de Direito de Lisboa, 2002. p. 11.

[251] *Ibidem. Op. cit.*

[252] SALOMON, Fernando Baum. O princípio da precaução frente ao nexo de causalidade no dano ambiental. *In*: SILVA, Bruno Campos. *Op. cit.*, p. 210.

[253] Título VII. Da Ordem Econômica e Financeira. Capítulo VI. Do Meio Ambiente.

[254] MORAES, Márcia Elayne Berbich de. *A (in)eficiencia do Direito Penal moderno para a tutela do meio ambiente na sociedade de risco (Lei n. 9.605/98)*. Rio de Janeiro: Lumen Juris, 2004. p. 74.

[255] FERRAJOLI, Luigi. *Direito e razão*: teoria do garantismo penal. 2. ed. Tradução de Aléxis Augusto Couto de Brito e outros. São Paulo: Revista dos Tribunais, 2006. p. 438.

tunidade, em função da tutela dos bens ambientais, de uma maior penalização de condutas hoje não adequadamente proibidas nem castigadas: por exemplo, a introdução de um delito específico de tortura (exigência expressa do art. 13, par. 40, da Constituição) diante da tendência jurisprudencial de ludibriar sua punição ou a criação de novos delitos ambientais.

Assim, vislumbra-se claramente a situação descrita por Claus-Wilhelm Canaris,[256] quando descreve o espectro de graus de intervenção estatal na concretização dos direitos fundamentais:

> [...] o imperativo jurídico-constitucional de tutela carece, em princípio, da complementação pelo direito ordinário. Pois pertence fundamentalmente a este – e não ao direito constitucional – a tarefa de disponibilizar os instrumentos de proteção – que vão desde o direito penal, passando pelo direito administrativo, tributário e social, até o direito privado –, já que, caso contrário, com tal tarefa acabaria, quer por se exigir demasiado, quer por se desnaturar a Constituição.
>
> [...] Isto vale, em especial, para a responsabilidade civil extracontratual, para a responsabilidade pelo risco e para as pretensões negatórias, as quais, do ponto de vista do direito constitucional, transpõem deveres de protecção de direitos fundamentais para o plano do direito privado.

Neste ínterim, observa-se que do artigo 225, *caput*, da CF/88, sem prejuízo de outros,[257] depreende-se o princípio da precaução e normatiza-se o direito fundamental ao meio ambiente protegido. Da doutrina colacionada *retro*, é extraída a lição de que a proteção da fauna e da flora podem ser instrumentalizadas de forma mais gravosa – Direito Penal – ou menos gravosa, conforme a necessidade, a razoabilidade e a proporcionalidade. Observa-se que cabe ao Direito Privado a tutela menos gravosa – reparação –, que se aplicam as sanções administrativas quando imprescindíveis ante a falta dos cuidados necessários e, por fim, ao Direito Penal fica reservado o caráter de *ultima ratio*, sendo utilizável somente quando as outras medidas mostrarem-se deficientes.[258]

Veja-se que o item 15 da Declaração de Princípios da Conferência das Nações Unidas sobre Meio Ambiente e Desenvolvimento, redigida no evento ocorrido na cidade do Rio de Janeiro em 1992,

---

[256] CANARIS, Claus-Wilhelm. *Direitos fundamentais e Direito Privado*. Coimbra: Almedina, 2003. p. 115-117.

[257] O especial enfoque em certos preceitos constitucionais ou até mesmo infraconstitucionais não exclui a interpretação de outros, inclusive porque, como bem assinalou o professor Juarez Freitas, a interpretação é sistemática e constitucional(izante), ou não é interpretação. Sobre o nexo de causalidade e hermenêutica, ver item 1.3.

[258] Nesse aspecto, cabe mencionar o magistério de Márcia Elayne Berbich de Moraes, quando assevera que "a proteção penal ao meio ambiente que nos é dada hoje é incapaz de tornar nossas cidades mais agradáveis, uma vez que muitas providências ainda devem ser tomadas no âmbito dos padrões de poluição toleráveis para licenciamentos ambientais e políticas públicas de habitação nos grandes centros". MORAES, Márcia Elayne Berbich de. *Op. cit.*, p. 73.

também contempla o princípio da precaução.[259] Transcreve-se o teor do dispositivo em tela:

> De modo a proteger o meio ambiente, o princípio da precaução deve ser amplamente observado pelos estados, de acordo com suas capacidades. Quando houver ameaça de danos sérios ou irreversíveis, a ausência de absoluta certeza científica não deve ser utilizada como razão para postergar medidas eficazes e economicamente viáveis para prevenir a degradação ambiental.

Diante da definição do conceito de princípio da precaução e da localização legislativa da referida norma, é imperativo relacionar alguns enfoques sobre sua aplicabilidade.

Como *prima ratio*, o princípio da precaução busca inibir o perigo abstrato, ou seja, busca-se evitar situações nas quais possa ocorrer o risco de dano. Trata-se de norma que impõe um especial dever de cuidado face a situações em que simplesmente é vislumbrada uma potencial situação causadora de danos ambientais. A verossimilhança de prejuízo ao meio ambiente não existe, de modo que ocorre apenas a verificação de possíveis lesões ao meio ambiente. Como bem aduz o professor Juarez Freitas,[260] "no tocante à precaução, o dano se afigura somente provável, a partir de indícios e presunções. A despeito disso, sobressaem motivos consistentes para as medidas antecipatórias na defesa do meio ambiente equilibrado e saudável".

A extensão e o grau de implementação do princípio em tela é de difícil aferição,[261] sendo necessária análise detalhada do caso *sub judice* para que seja definida a conduta exigida pelo Direito. Dois princípios devem nortear as condutas dos agentes fiscalizadores das atividades potencialmente danosas: proporcionalidade e motivação. No esteio do magistério do professor Juarez Freitas, pode ser dito que a proporcionalidade reside na escolha de medida apta para alcançar determinado resultado, meio menos gravoso aos direitos fundamentais daquele que sofre a restrição em sua atuação e modo que garanta a maior quantidade de benefícios do que de malefícios. A motivação reside no dever insculpido nos artigos 93 da CF/88 e 50 da Lei Federal nº 9.784/99, consiste no "escudo contra o exercício autofágico e coisificante do poder pela ausência da fundamentação reflexiva e conseqüente quebra de sistematicidade".[262]

---

[259] SALOMON, Fernando Baum. *Op. cit.*, p. 209.

[260] FREITAS, Juarez. Princípio da precaução: vedação de excesso e de inoperância. *Interesse Público*, São Paulo, n. 35, p. 37, 2006.

[261] MARTINS, Ana Gouveia e Freitas. *Op. cit.*, p. 11.

[262] FREITAS, Juarez. Princípio da precaução: vedação de excesso e de inoperância. *Op. cit.*, p. 38-44.

Sobre a aplicabilidade do princípio da precaução e a necessária justificação racional das decisões, veja-se a brilhante lição do professor Juarez Freitas:[263]

> A propósito, para coibir os aludidos excessos e carências de precaução, é mister atentar para as pertinentes advertências de Cass Sunstein. Alerta, com propriedade, para os medos exarcebados, algo tão nocivo como a carência de temores justificados. Urge não dar resposta errônea aos medos da sociedade, isto é, não sucumbir ao estilo populista, irresponsável e irracional. Com efeito, o populismo se preocupa, desmedidamente, com riscos triviais e, com freqüência inaudita, desconsidera riscos graves.

O princípio da prevenção determina o dever de cautela acerca dos perigos inerentes à atividade exercida pelo agente. Trata-se de um mandado de cautela contra perigo concreto, de modo a proibir a reiteração de conduta já sabidamente perigosa. Busca-se inibir o risco de dano que a atividade perigosa (não meramente potencial ou pretensamente perigosa) possa vir, com seus efeitos, a causar danos ambientais.[264] Para aplicação desse princípio, ensinam Ayala e Leite que não basta simplesmente que se tenha certeza do perigo da atividade, mas que seja imediatamente tutelado o meio ambiente contra prováveis efeitos danosos decorrentes da atividade perigosa.[265] Essa norma demanda uma atuação quando já existente o perigo e face ao mesmo busca-se tomar as cautelas necessárias para que não ocorram prejuízos ao meio ambiente ou que sejam os menores possíveis.

6.3. A idéia de dano e a tutela processual civil em matéria ambiental

Não apenas a responsabilização do agente em dado caso concreto, mas a própria metodologia utilizada no Direito Ambiental é diferente das outras áreas do Direito. A relação de causalidade não pode ser alcançada empiricamente, pois seria necessária a submissão consciente à ação danosa de elementos destrutivos; portanto, só resta ao operador jurídico crer em especulações científicas, observando condições objetivas de tempo e espaço.[266]

Como as relações entre condutas e danos não se mostra clara, torna-se difícil para o operador jurídico delinear um dos pressupos-

---

[263] FREITAS, Juarez. Princípio da precaução: vedação de excesso e de inoperância. *Op. cit.*, p. 38.
[264] AYALA, Patryck de Araújo; LEITE, José Rubens Morato. *Op. cit.*, p. 62 *et seq.*
[265] *Ibidem.*
[266] BECK, Ulrich. *La sociedad del riesgo. Op. cit.*, p. 80-81.

tos da responsabilidade civil em matéria ambiental, a saber, o nexo de causalidade.

O estudo do nexo causal no Direito Ambiental exige que a ciência determine um núcleo que dispense o apoio empírico, sempre tão danoso e traumático. O ser humano precisa dominar com segurança os potenciais elementos destrutivos, tais como ciclos biológicos, substâncias químicas e reações em cadeia, se deseja uma efetiva proteção contra os riscos.[267]

Anotou Clóvis do Couto e Silva a importância da conscientização dos operadores jurídicos acerca de um dos conceitos fundamentais da responsabilidade civil, o dano. Assim lecionou o professor:

> À medida que o conceito de pessoa se transforma, novos danos são a ele acrescidos, em decorrência mesma de uma visão mais integral desse conceito.[268]

Na mesma linha do doutrinador supra, Judith Martins-Costa aduz que:

> [...] como tudo no Direito, o conceito de dano não é "dado", mas sim "construído" e, mais ainda, para usar uma expressão cara aos existencialistas, um "conceito situado". De uma perspectiva claramente nominalista – vale dizer, dano seria tão-só o prejuízo sofrido por um bem determinado, calculado segundo a "teoria da diferença" –, se alcança uma noção normativa, ou jurídica, pela qual o dano é a lesão a interesse jurídico. E o que é "interesse jurídico" é sempre aquilo que determinada comunidade considera digno de tutela jurídica, razão pela qual, se modificando o que, na pessoa e em sua personalidade, se considera digno de interesse, haverá imediato reflexo no conceito de dano.[269]

Os danos ambientais podem ser classificados de diversas maneiras. Um primeiro critério divide as espécies de danos segundo a maior ou menor proximidade da causa em relação à lesão do patrimônio jurídico do ofendido. Essa classificação determina haver danos diretos e indiretos.[270]

O dano indireto é aquele que, sofrido por terceiro, é decorrente de um dano ao meio ambiente. Exemplo trazido por Lucía Velásquez Moreno é de extração excessiva de areia de uma praia que culmina com a fragilização da proteção das construções à beira-mar contra acidentes naturais.[271]

---

[267] BECK, Ulrich. *La sociedad del riesgo. Op. cit.*, p. 81.

[268] SILVA, Clóvis Veríssimo do Couto e. O conceito de dano no Direito brasileiro e comparado. *Revista dos Tribunais*, São Paulo, n. 667, p. 12, maio 1991.

[269] MARTINS-COSTA, Judith. Os danos à pessoa e a natureza de sua reparação. In: ──────. (Org.). *A reconstrução do Direito Privado*: reflexos dos princípios, diretrizes e direitos fundamentais constitucionais no Direito Privado. *Op. cit.*, p. 409.

[270] MORENO, Lucía Velásquez. *Op. cit.*, p. 266-267.

[271] *Ibidem. Op. cit.*

O dano direto é caracterizado pelo prejuízo causado contra algum particular, quando da lesão do meio ambiente resultar efeito que esteja intrinsecamente relacionado ao bem-estar do ser humano.[272]

Outra classificação encontrada na doutrina utiliza o critério da qualidade do ofendido. O dano seria contra particular quando afetado pelas decorrências usuais de agressão ao meio ambiente, enquanto a lesão seria sofrida pelo Estado, quando o dano fosse considerado em si mesmo.[273]

A partir das lições sobre os tipos de danos, apresentaremos uma abordagem alternativa, de forma a abarcar as conquistas já alcançadas pela dogmática jurídico-ambiental e visando agregar às mesmas uma abordagem sistemático-constitucional, para adiante deduzirmos a aplicabilidade de outro pressuposto da responsabilidade civil em matéria ambiental, a saber, o nexo de causalidade.

A classificação aqui proposta possui como critérios o direito e o bem jurídico tutelado pela norma. O direito pode ser individual, difuso ou coletivo. Os bens jurídicos podem ser singulares ou coletivos/públicos.

O direito patrimonial e todos os direitos da personalidade são individuais e possuem relação com bens jurídicos delineados por sua singularidade. Explicitando os termos, temos que a honra, privacidade e patrimônio são considerados em sua concreta dimensão no espectro de direitos de uma pessoa determinada.

Após aduzirmos as características dos direitos coletivos e difusos e suas respectivas relações com os bens jurídicos singulares e coletivos, a distinção entre as espécies de dano ambiental ficará mais precisa e inteligível.

O direito coletivo é exercido por um grupo de pessoas que se encontra reunido por certa condição de fato ou de direito, como, por exemplo, um determinado grupo de consumidores vítimas de fato do produto. Aqui ficam englobados todos os direitos denominados como individuais homogêneos, coletivos ou transindividuais no artigo 81, incisos II e III, do Código de Defesa do Consumidor, sem prejuízo de outras disposições. Gize-se que as categorias do Direito do Consumidor são amplamente aplicáveis ao Direito Ambiental,

---

[272] MORENO, Lucía Velásquez. *Op. cit.*, p. 267. Note-se que a autora só remete a danos patrimoniais.

[273] ARAUJO, María Mercedes Díaz. Daño por contaminación ambiental urbana, polución, impacto auditivo, visual y ambiental. *In*: GUERSI, Carlos A. (Coord.). *Op. cit.*, p. 172.

inclusive por ser a tutela jurídica que objetiva a facilitação do acesso à justiça uma garantia constitucional.²⁷⁴

A consagração dos direitos difusos, entendidos os mesmos como aqueles que transbordam do patrimônio jurídico de cada indivíduo considerado individualmente, corresponde ao arcabouço normativo disposto na Constituição Federal e na Legislação em geral, que, por sua vez, consagra o direito de cada pessoa a bens coletivos. Esse novo paradigma representa a democratização da qualidade de vida, em que todos possuem o direito de viver em um meio ambiente equilibrado, expostos à publicidade autêntica e adequada aos bons costumes, de modo a ser vedada a exposição de imagens violentas ou discriminatórias etc.

A idéia de direito difuso é relativamente recente e revela um progresso no Direito, de modo a ultrapassar a consideração individual da pessoa humana, consagrando, assim, uma óptica da fraternidade, ou seja, da preocupação com a convivência dos seres humanos. Importante notar que esse quadro não denota um avanço apenas das searas ambiental ou consumerista, mas faz parte da evolução dos direitos fundamentais/humanos, mais precisamente ao que tange sua terceira geração.²⁷⁵

Do exposto infere-se que o dano em matéria ambiental possui no mínimo duas dimensões personalíssimas e uma coletiva. A primeira e a segunda dimensões personalíssimas são as faces do dano ambiental que atingem a pessoa considerada concretamente, vulnerando atributos que atingem esfera mais íntima e pessoal do ser humano, como a honra, a saúde e o patrimônio. A primeira dimensão abarca os danos de caráter patrimonial, enquanto a segunda, os de ordem moral (compreendidos aqui os danos estéticos), podendo ser buscada a tutela jurisdicional para ambas as dimensões individualmente ou coletivamente. A dimensão coletiva do dano ambiental trata do bem jurídico meio ambiente considerado em si mesmo, de modo a corresponder à lesão dos direitos difusos de todos.

Ao direito difuso deve corresponder uma tutela jurisdicional diversa da concedida aos direitos individuais, assim como dos direitos coletivos. Estabelecida essa premissa, passaremos à brevíssima análise das conseqüências no plano processual.²⁷⁶

---

²⁷⁴ Art. 5º, XXXV, CF/88.

²⁷⁵ MORAES, Alexandre de. *Op. cit.*, p. 59-60.

²⁷⁶ A questão não será analisada sob o prisma de algumas técnicas constitucionais de proteção dos direitos coletivos homogêneos e difusos, visto que a complexidade do tema exige e merece uma pesquisa específica. Fica desde já consignado que é viável a defesa do meio ambiente através dos seguintes instrumentos: ação popular (art. 5º, inc. LXXIII, CF), direito de petição

A ação civil pública é instrumento hábil para o acesso à justiça quando houver lesão a bem jurídico coletivo e, conseqüentemente, a direitos difusos. A aptidão desse precioso meio para a defesa da coletividade indeterminável é que o Poder Judiciário é provocado por instituição estatal que representará a sociedade como um todo, independentemente da apuração dos danos que cada pessoa considerada individualmente sofreu. Essa técnica é bastante interessante para a proteção do meio ambiente porque as conseqüências de uma lesão a esse bem jurídico se protrai indefinidamente no tempo, como já aduzido retro e, assim, pode ser feita uma estimativa dos interesses lesados e determinada uma indenização sem que se discuta uma infinidade de prejuízos sofridos por cada cidadão. A reparação do dano consistirá em prestação em favor do Fundo de Defesa dos Direitos Difusos, ou seja, só de maneira indireta os lesados serão restituídos do prejuízo sofrido.

A legitimidade para o ajuizamento de ação civil pública é concorrente e foi modificada com a vigência da Lei Federal nº 11.448, de 15 de janeiro de 2007, tendo sido conferida ao artigo 5º da Lei nº 7.345/85 a seguinte redação:

> Art. 5º. Têm legitimidade para propor a ação principal e a ação cautelar:
> I – o Ministério Público;
> II – a Defensoria Pública;
> III – a União, os Estados, o Distrito Federal e os Municípios;
> IV – a autarquia, empresa pública, fundação ou sociedade de economia mista;
> V – a associação que, concomitantemente:
> a) esteja constituída há pelo menos 1 (um) ano nos termos da lei civil;
> b) inclua, entre suas finalidades institucionais, a proteção ao meio ambiente, ao consumidor, à ordem econômica, à livre concorrência ou ao patrimônio artístico, estético, histórico, turístico e paisagístico.

A condenação em sede de ação civil pública poderá ser em obrigação de fazer, não-fazer ou em dinheiro, tenso sido durante muito tempo discutida a cumulatividade das mesmas, visto que a redação do artigo 3º da Lei nº 7345/85 dá margem a diversas interpretações, como pode ser depreendido do dispositivo *in verbis*: "Art. 3º. A ação civil poderá ter por objeto a condenação em dinheiro ou o cumprimento de obrigação de fazer ou não-fazer".

A jurisprudência do STJ pacificou-se no sentido da possibilidade de cumulação, como pode ser exemplificado com o seguinte aresto julgado de forma unânime:

(art. 5º, inc. XXXIV, CF), mandado de injunção (art. 5º, inc. LXXI, CF), mandado de segurança coletivo (art. 5º, inc. LXX, CF), ADIN e ADC (ambas com previsão no art. 103 da Constituição Federal), sem prejuízo de outros.

PROCESSO CIVIL. DIREITO AMBIENTAL. AÇÃO CIVIL PÚBLICA PARA TUTELA DO MEIO AMBIENTE. OBRIGAÇÕES DE FAZER, DE NÃO-FAZER E DE PAGAR QUANTIA. POSSIBILIDADE DE CUMULAÇÃO DE PEDIDOS ART. 3º DA LEI 7.347/85. INTERPRETAÇÃO SISTEMÁTICA. ART. 225, § 3º, DA CF/88, ARTS. 2º E 4º DA LEI 6.938/81, ART. 25, IV, DA LEI 8.625/93 E ART. 83 DO CDC. PRINCÍPIOS DA PREVENÇÃO, DO POLUIDOR-PAGADOR E DA REPARAÇÃO INTEGRAL.
[...]
3. Deveras, decorrem para os destinatários (Estado e comunidade), deveres e obrigações de variada natureza, comportando prestações pessoais, positivas e negativas (*fazer* e não-*fazer*), bem como de pagar quantia (indenização dos danos insuscetíveis de recomposição (*in natura*), prestações essas que não se excluem, mas, pelo contrário, se cumulam, se for o caso.
[...]
5. A exegese do art. 3º da Lei 7.347/85 ("A *ação civil* poderá ter por objeto a condenação em *dinheiro* ou o cumprimento de obrigação de *fazer* ou não-fazer"), a conjunção "ou" deve ser considerada com o sentido de adição (permitindo, com a cumulação dos pedidos, a tutela integral do meio ambiente) e não o de alternativa excludente (o que tornaria a *ação civil pública* instrumento inadequado a seus fins).
[...]
7. A exigência para cada espécie de prestação, da propositura de uma *ação civil pública* autônoma, além de atentar contra os princípios da instrumentalidade e da economia processual, ensejaria a possibilidade de sentenças contraditórias para demandas semelhantes, entre as mesmas partes, com a mesma causa de pedir e com finalidade comum (medidas de tutela ambiental), cuja única variante seria os pedidos mediatos, consistentes em prestações de natureza diversa.
8. Ademais, a proibição de cumular pedidos dessa natureza não encontra sustentáculo nas regras do procedimento comum, restando ilógico negar à *ação civil pública*, criada especialmente como alternativa para melhor viabilizar a tutela dos direitos difusos, o que se permite, pela via ordinária, para tutela de todo e qualquer outro direito. (STJ, 1ª Turma, REsp 625249/PR, j. 15.08.2006).

Cabe gizar que a ação civil pública é o mais eficaz instrumento de proteção da sociedade contra os poluidores contumazes, aqueles que lucram com sua própria torpeza, crentes que uma pequena minoria postulará em juízo a reparação do prejuízo, sendo na imensa maioria das vezes empresas com elevado potencial destrutivo. Aduzimos, assim, que, no Direito brasileiro, trata-se de medida alternativa aos *punitive damages*.[277] Trata-se de um "saudável meio-

---

[277] Nos Estados Unidos os *punitive damages* e na Inglaterra os *exemplary damages* são utilizados como forma de punição através de condenações vultosas em se tratando de réus reincidentes ou quando a ação foi cometida de forma dolosa. É de ser gizado que tanto a jurisprudência norte-americana quanto a inglesa limitaram a utilização destes institutos. Nos EUA o argumento a favor da restrição do uso dos *punitive damages* foi o *due process of law* (em sua dimensão formal – *procedure*) insculpido na 5ª e 14ª emendas à Constituição, cujo texto é o que segue, respectivamente:

termo entre o intento de tornar exemplar a indenização e a necessidade de serem observados parâmetros mínimos de segurança jurídica".[278]

Judith Martins-Costa[279] e Mariana Souza Pargendler aduzem que a multa[280] prevista na Lei nº 7.345/85 é um meio adequado "para o caso de danos cuja dimensão é transindividual, como os danos ambientais e ao consumidor". Asseveram, ainda, que a multa em tela deve ser recolhida a um fundo público, de modo a concretizar os ditames do princípio da prevenção[281] que determina o dever de probidade tanto no Direito do Consumidor, quanto na seara ambiental. No mesmo sentido é a posição de Claudio Vivani, quando observa que os danos ambientais devem ser ressarcidos na esfera civil consoante na justa medida do prejuízo sofrido individualmente e que o caráter punitivo da indenização em matéria ambiental deve ser postulado pelo Estado através da seara do Direito Público. Para o italiano não são admissíveis condenações a título de *punitive damages* em matéria cível.[282]

"Amendment V – No person shall be held to answer for a capital, or otherwise infamous crime, unless on a presentment or indictment of a Grand Jury, except in cases arising in the land or naval forces, or in the Militia, when in actual service in time of War or public danger; nor shall any person be subject for the same offence to be twice put in jeopardy of life or limb; nor shall be compelled in any criminal case to be a witness against himself, nor be deprived of life, liberty, or property, without due process of law; nor shall private property be taken for public use, without just compensation.

Amendment XIV – Section 1. All persons born or naturalized in the United States, and subject to the jurisdiction thereof, are citizens of the United States and of the State wherein they reside. No State shall make or enforce any law which shall abridge the privileges or immunities of citizens of the United States; nor shall any State deprive any person of life, liberty, or property, without due process of law; nor deny to any person within its jurisdiction the equal protection of the laws".

[278] PARGENDLER, Mariana Souza; MARTINS-COSTA, Judith. *Op. cit.*, p. 261.

[279] *Ibidem. Op. cit.*

[280] Artigo 13 da Lei 7.347/85, *in verbis*: "Art. 13. Havendo condenação em dinheiro, a indenização pelo dano causado reverterá a um fundo gerido por um Conselho Federal ou por Conselhos estaduais de que participarão necessariamente o Ministério Público e representantes da comunidade, sendo seus recursos destinados à reconstituição dos bens lesados". Importante gizar que, por determinação do artigo 4º, inc. VII, da Lei nº 6.938/81, a reparação deve ser integral, de modo a abranger inclusive o período de impossibilidade do uso e fruição da área poluída ou depredada.

[281] Em nosso sentir servem os recursos também para a otimização do princípio da precaução.

[282] VIVANI, Claudio. *Il danno ambientale:* profili di Diritto Pubblico. Verona: CEDAM, 2000. p. 185-186.

No sentido da inviabilidade da aplicação dos *punitive damages* e diferenciando-os do caráter pedagógico inerente à fixação da indenização na responsabilidade civil brasileira, já decidiu o TJRS, como pode ser vislumbrado do voto do relator, cujo excerto é o que segue:

"Registro, ainda, que a alegação do réu de que se trataria na hipótese de aplicação do instituto norte-americano do *punitive damages*, tendo em vista que o valor fixado na sentença teria caráter punitivo, não merece prosperar.

A ação indenizatória coletiva é o meio mais apto para tutelar os interesses, na maioria das vezes de caráter indenizatório, de um determinado grupo de pessoas ligadas entre si por relação jurídica ou por um fato em comum; uma vez que diminui o número de processos oriundo de uma mesma causa, facilita-se a instrução probatória, de modo a reduzir custos e aumentar a eficiência, dentre outros fatores. Aqui objetiva-se um acesso ao judiciário de forma mais ágil e qualificada, mas é de ser gizado que esse instrumento é hábil para a reparação de bens singulares e face a lesões de direitos de caráter coletivo, como, por exemplo, patrimônio e saúde física e psíquica. A compensação do prejuízo será revertida diretamente em favor dos lesados.

A lesão ao ser humano que vulnere bem jurídico singular e que constitua violação a direito individualmente considerado pode ser deduzida em juízo através de ação indenizatória individual. A vantagem dessa espécie de prestação de jurisdição é a possibilidade de produção de provas específicas acerca dos danos sofridos por cada pessoa, sendo devida a reparação ao demandante, isto é, a procedência da ação converte diretamente em seu benefício.

A tutela preventiva ou inibitória é perfeitamente cabível e eficaz em matéria de responsabilidade civil ambiental. Ao tratar da matéria em diversos dispositivos, artigos 11 e 12 da Lei da Ação Civil Pública (n° 7.347/1985), 85 do CDC e 461 e parágrafos do CPC, o legislador brasileiro optou por definir meios para impedir a consumação, reiteração ou agravamento de danos, inclusive ambientais.[283]

Assevera Yussef Said Cahali que o ônus da prova do nexo de causalidade recai sobre aquele que alega, pois, ausente o convencimento acerca de relação entre causa e efeito, não há de se falar em responsabilidade civil.[284] No Direito italiano há, tanto na doutrina quanto na jurisprudência, a mesma percepção, no sentido de caber exclusivamente ao suposto lesado a prova do dano.[285] No que tange aos danos de caráter ambiental, não haveria de ser diferente.

Efetivamente, inviável na ordem jurídica brasileira a aplicação do referido instituto, por motivos que não cabe aqui adentrarmos. Todavia, não creio ter sido essa a conotação dada na fixação do valor da indenização. Isso porque na esfera do instituto brasileiro de responsabilidade civil temos critérios para tornar a quantificação do valor da indenização o mais objetivo possível, e dentre esses critérios está justamente o caráter punitivo. Por óbvio, são coisas diferentes, institutos diferentes, que não podem ser confundidos". (TJRS, 6ª Câmara Cível, Apelação Cível n° 70013361043, j. 21.12.2006).

[283] CAHALI, Yussef Said. *Dano moral*. 2. ed. São Paulo: Revista dos Tribunais, 1998. p. 693.

[284] *Ibidem*, p. 702.

[285] RECANO, Paolo. *La responsabilità civile da attività pericolose*. Padova: CEDAM, 2001. p. 54.

6.4. O nexo de causalidade em matéria ambiental

Fica estabelecido como bem jurídico o meio ambiente, entendido como todo e qualquer elemento que esteja direta ou indiretamente conectado com o fornecimento de condições para o seu desenvolvimento e das próximas gerações humanas.[286]

Uma vez aduzido qual seja o bem suscetível de lesão no Direito Ambiental, gizamos outra premissa a ser estabelecida, a de que a responsabilidade civil em matéria ambiental é objetiva. Trata-se da adoção da teoria do risco-criado, na qual dispensa a culpa, mas não o nexo de causalidade.

Alvino Lima,[287] em preciosa lição, advoga ser o dano ecológico, tal qual previsto no artigo 14 da Lei n° 6.938/81, indenizável através de responsabilização objetiva, sustentando ainda que, *in verbis*:

> Portanto, em cada caso concreto, haverá de existir a prova de dois pressupostos indispensáveis: a existência do dano ambiental e seu nexo causal com a ação ou omissão do pretenso responsável que seja a causa eficiente do evento capaz de gerar o prejuízo a ser indenizado.

A responsabilidade objetiva em matéria ambiental nada tem a ver com a responsabilidade pelo risco integral, quando se trata do elemento nexo causal. Enquanto a responsabilidade objetiva dispensa o elemento culpa e requer o nexo de causalidade como condição impreterível para a gênese do dever de indenizar, a teoria do risco-integral sustenta a indenizabilidade de dano que não foi causado pelo agente que deverá reparar o prejuízo, ou seja, não se cogita a existência de culpa e até mesmo de nexo de causalidade.

Não faltam os que, distendendo a idéia de causalidade adequada e aplicando de forma açodada o princípio da precaução, acabaram por sustentar a responsabilização mesmo que ausente o liame causal. Como pode ser inferido dos posicionamentos que seguem:

> O nexo causal verifica-se objetivamente e de forma atenuada. Basta a existência de lesão e do risco preexistente de criá-la. O risco deve ser considerado condição da existência do dano, ainda que não se possa demonstrar que foi sua causa direta.[288]
> [...] se justifica a regra da *atenuação do relevo do nexo causal*, bastando que a atividade do agente seja potencialmente degradante para sua implicação nas malhas da responsabilidade.[289]

---

[286] SALOMON, Fernando Baum. *Op. cit.*, p. 238.
[287] LIMA, Alvino. *Culpa e risco*. 2. ed. São Paulo: Revista dos Tribunais, 1999. p. 152.
[288] BITTENCOURT, Darlan Rodrigues; MARCONDES, Ricardo Kochinski. Lineamentos da responsabilidade civil ambiental. *Revista dos Tribunais*, São Paulo, a. 86, n. 740, p. 92, jun. 1997.
[289] SILVA, José Afonso da. *Op. cit.*, p. 315.

Há ainda os que defendem de forma explícita a falta de necessidade da prova do nexo de causalidade para o surgimento do dever de indenizar, como asseverou Sergio Cavalieri Filho:[290]

> Extrai-se do Texto Constitucional e do sentido teleológico da Lei de Política Nacional do Meio Ambiente (Lei nº 6.938/1981), que essa responsabilidade é fundada no risco integral [...] Se fosse possível invocar o caso fortuito ou a força maior como causas excludentes da responsabilidade civil por dano ecológico, ficaria fora da incidência da lei a maior parte dos casos de poluição ambiental.

Em sentido diverso, sustenta Paulo Affonso Leme Machado:[291] "A lei alemã foi elogiável ao apresentar situações em que se manifesta a presunção de responsabilidade ou de causalidade".

A posição de Machado diferencia-se da de Cavalieri, na medida em que este admite a responsabilização ante à inexistência de nexo de causalidade, enquanto o primeiro prefere a presunção de causalidade e, assim, admite que, mesmo que não provada a causalidade, faz-se necessária a causalidade em matéria ambiental. Paulo Affonso Leme Machado[292] ilumina a questão ao aduzir que, no Direito alemão, cabe à vítima provar as circunstâncias que gerariam a presunção de que a atividade desenvolvida é apta a gerar o dano *sub judice*.

A questão crucial passaria então a ser a indagação sobre a possibilidade de prova em sentido contrário à presunção. Machado não esclarece se a presunção seria relativa ou absoluta.

A presunção de causalidade, se admitida, deve ser relativa, pois derivaria, no sistema jurídico nacional, da previsão constante do artigo 6º, VIII, do CDC, sendo mera inversão do ônus da prova e não descarta a relação de causalidade como pressuposto da responsabilização civil. No Brasil, uma vez sendo a parte hipossuficiente ou sendo verossímeis suas alegações, possui a seu favor a redistribuição do ônus da prova acerca de qualquer dos elementos da responsabilidade civil.

A aplicação da teoria do risco-integral em matéria ambiental, assim como em qualquer seara da responsabilidade civil, implica a total ausência de segurança jurídica, transformando-se a idéia de reparação em arbítrio, de modo que a sua demagógica utilização – poderia ser dito também *utilitarista/funcionalista* – evidencia o uso eminentemente político e autoritário face ao Poder Judiciário. Tra-

---

[290] CAVALIERI FILHO, Sergio. *Programa de responsabilidade civil*. Op. cit., p. 153.

[291] MACHADO, Paulo Affonso Leme. *Direito Ambiental brasileiro*. 9. ed. São Paulo: Malheiros, 2001. p. 333.

[292] *Ibidem*, p. 332.

ta-se de doutrina manifestamente inconstitucional, face a diversas normas, avultando em importância a contrariedade ao princípio da legalidade, corolário do Estado de Direito e conquista da humanidade.

A lógica *racionalista*,[293] entendida como a busca de um fim independentemente dos meios, leva os Tribunais a dispensarem o nexo de causalidade para o surgimento do dever de indenizar, de modo a desrespeitar o Estado de Direito calcado na legalidade e lastreado na segurança jurídica. A distância entre a proteção do meio ambiente, a solidariedade social e a impossibilidade técnica de estabelecer o liame causal em determinadas hipóteses está sendo ignorada em favor de uma suposta concretização constitucional, quando se imputa o resultado simplesmente àqueles que possuem maior visibilidade social ou poder econômico. Saliente-se que não cabe ao Direito Ambiental (re)distribuir riquezas, mas atribuir danos e condenar somente aqueles que deram causa aos prejuízos, de modo a aplicar o sistema jurídico de forma *realista*,[294] em conformidade com a Lei e as circunstâncias subjacentes, pois mesmo que se queira achar sempre alguém que indenize o dano, uma vez ausente o nexo causal, não há como atribuir o resultado a alguém sem prejuízo do Estado de Direito.

Estabelecida a necessidade do nexo de causalidade no Direito Ambiental, falta, ainda, delinear os ditames desse elemento, nessa seara tão especial do Direito.

A causalidade adequada, entendida como a teoria que explica a ligação entre um fato e um dano que é conseqüência natural, típica, provável[295] e previsível dele, é a idéia que melhor se ajusta aos preceitos constitucionais e legais sobre a responsabilidade civil em matéria ambiental. Sua compatibilidade com a responsabilidade objetiva é manifesta, uma vez que exclui da cadeia de acontecimentos todos que agiram de forma a condicionar o acontecimento do prejuízo, de modo a criar o dever de indenizar apenas para aqueles que obraram no sentido de causar o evento lesivo, ficando a reparação dos danos facilitada pela prescindibilidade da aferição de culpa, seja na forma da negligência, imperícia ou imprudência.

---

[293] Exemplos dessa escola podem ser encontrados em MACHIAVEL, KANT e PLATÃO.

[294] Símbolo maior da conjugação das metas e preceitos legais (*nómos* e *psefísmata*) em sintonia com a aplicabilidade social foi ARISTÓTELES.

[295] ANTUNES VARELA, João de Mattos. *Op. cit.*, p. 893. O caráter de probabilidade foi acentuado por um dos redatores do Código Civil, Agostinho Alvim, que, em obra clássica, escreveu "Nem sempre há certeza absoluta de que certo fato foi o que produziu determinado dano. Basta um grau elevado de probabilidade". ALVIM, Agostinho. *Da inexecução das obrigações e das suas conseqüências*. 4. ed. São Paulo: Saraiva, 1972. p. 341.

Não pode ser feita confusão entre a teoria do risco integral e responsabilidade objetiva com reparação integral, como o fez José Ricardo Alvarez Vianna,[296] ao aduzir ser partidário da idéia de dispensabilidade do nexo de causalidade o professor José Afonso da Silva. A idéia de inexistência de limite para o *quantum* a ser indenizado em matéria ambiental é advogada por José Afonso da Silva no sentido de ser ilícita a criação de um seguro que proteja o poluidor de eventuais condenações acima de certa quantia, mas o doutrinador é claro ao defender ter sido adotada no Brasil a responsabilidade objetiva.[297]

A análise do nexo de causalidade deve ser vislumbrada de um prisma essencialmente jurídico, não meramente lógico, mas também teleológico.[298] Assim, a teoria da causalidade adequada consegue explicar com sucesso a grande maioria dos acidentes que envolvem danos ao meio ambiente, de modo a ser a interpretação mais conveniente dentro do sistema normativo brasileiro e mostrar-se em sintonia com os valores eleitos pela sociedade como importantes.

A causalidade adequada permite a reparação integral dos prejuízos, sendo fiel ao mandado normativo preceituado pelo princípio do poluidor-pagador, ao mesmo tempo em que viabiliza o acesso à justiça por parte dos lesados que dificilmente poderiam arcar com os ônus da verificação de nexo, por vezes complexas. Quiçá seja impossível verificação da existência da causa e efeito em alguns casos, permitindo a imputação do resultado sem prova da culpa, pois a responsabilidade é objetiva.

Os ditames do princípio da precaução e da prevenção são amplamente respeitados e concretizados pelos ditames da teoria da causalidade adequada. A escolha, na cadeia de fatos, do(s) responsável(eis) é minuciosa a ponto de obrigar à recomposição do prejuízo apenas aqueles que estejam envolvidos com o resultado nocivo a ponto de poderem tê-lo evitado.

Como já aduzido, a escolha da teoria da causalidade adequada repousa sobre firmeza da estabilidade da sua aplicação pela jurisprudência e ampla aceitação pela doutrina, evitando teses temerárias como a do risco-integral, que nada mais é do que a manifestação político-ideológica daqueles que desejam punir os empresários, sacrificando o direito fundamental da livre-iniciativa.

---

[296] VIANNA, José Ricardo Alvarez. *Responsabilidade civil por danos ao meio ambiente*. Curitiba: Juruá, 2004. p. 102.

[297] SILVA, José Afonso da. *Op. cit.*, p. 312-313.

[298] RIBEIRO DE FARIA, Jorge Leite Areias. *Direito das obrigações*. Coimbra: Almedina, 1987. v. I. p. 501.

Correta é a observação de Pietro Trimarchi, ao observar que, sendo a responsabilidade civil âmbito de redução dos riscos socialmente injustificáveis, não há de se dizer que há a mera passividade perante a contínua dinâmica das forças da natureza. Ilustra o autor a impossibilidade de obrigação de reparação do dano, quando se rompe uma tubulação de gás ou de água por força de modificação das condições ambientais.[299] Faz-se mister aduzir a importância da existência de ligação entre o exercício da atividade perigosa e o evento danoso, necessitando-se, portanto, de eficiência/adequação da causa em relação ao efeito.

Por mais que seja inexigível a culpa para a configuração do dever de indenizar, não cabe ao Direito responsabilizar o agente que, por fato alheio a seu controle, vier a causar dano ambiental. A existência de causas múltiplas aumenta a complexidade da responsabilidade civil por dano ambiental,[300] sendo necessário averiguar no caso concreto qual(is) condutas contribuíram de forma decisiva para o evento e em que medida. Mais uma vez pode ser observada a aptidão da teoria da causalidade adequada para o controle da justa distribuição dos riscos na sociedade, de modo a evitar a repressão de condutas que não sejam lídimas para a ocorrência de prejuízos ao meio ambiente.

---

[299] TRIMARCHI, Pietro. *Op. cit.*, p. 235-237.

[300] HOFMEISTER, Maria Alice Costa. *O dano pessoal na sociedade de risco.* Rio de Janeiro/São Paulo: Renovar, 2002. p. 45.

Considerações finais

Da compilação dos elementos trazidos no presente trabalho, atribuindo a esses elementos uma ordem de importância decrescente, é lícito concluir que a opção conceitual de Direito Privado que melhor recepciona o Direito legislado no Código Civil, CDC e Direito Ambiental que concerne à teoria sobre nexo de causalidade é da concepção aristotélico-tomista,[301] revelando-se, assim, mais consistente a teoria da causalidade adequada.

Se pudéssemos representar a complexidade em que ocorrem os danos, sob a forma de círculos concêntricos, de modo que o núcleo fosse uma área onde relacionássemos os danos de fácil aferição e identificação da causa, assim aplicando o artigo 403 do CC/02, mais especificamente no que tange à expressão "direto e imediato", restariam os demais segundo e terceiro círculos externos como aqueles que representariam os eventos tidos como de maior complexidade, podendo estar aí elencados aqueles legislados no CDC e Direito Ambiental.

Esses em que a complexidade é mais intensa, e a aplicação do conceito indeterminado como já citado acima – direto e imediato – se tornar mais difícil ou de impossível apreensão para a identificação do agente, poderíamos chamar de zonas de *vagueza semântica*. A *vagueza semântica* do conceito jurídico indeterminado mereceria uma interpretação sistêmica, de modo a consagrar uma aplicação em que a causalidade tornar-se-ia adequada conforme os ditames específicos daquela seara do Direito Privado como de resto do CDC e do Direito Ambiental, ora expandindo-a, como deve ocorrer na seara ambiental e consumerista, ora restringindo a interpretação, na me-

---

[301] Como já referido alhures, a *arché* aristotélico-tomista remete a uma concepção aristotélica que em grande parte foi apenas repetida por Tomás de Aquino.

dida em que se reduz o âmbito de indenizabilidade e se adequam os fatos aos princípios superiores.

De outra sorte, advogar a idéia de aplicação do conceito de análise econômica do Direito, ou seja, numa concepção de Direito Privado funcionalista, não nos parece razoável, pois ela criará um sistema em razão do fim, negando um núcleo jurídico mínimo a ser preservado, e dentro do sistema de Direito Privado vigente é impossível sustentar uma concepção de responsabilidade civil atrelada tão-somente à idéia de eficiência na alocação dos recursos.

Ao mesmo passo, com atenuantes, fica também prejudicada a concepção de constitucionalização do Direito Privado, quando em seu viés de cunho manifesta e exclusivamente funcionalista. De uma parte, e essa é a atenuante, a constitucionalização já está presente e justamente é parte da idéia de interpretação sistemática, ou seja, interpretar fora dos limites principiológicos da Constituição é não interpretar; porém, extremá-la, a ponto de ignorar a codificação é ofender a democracia do próprio sistema, o que não nos parece a melhor resposta.

Ficamos, portanto, com a idéia inicialmente posta de que a causalidade adequada é a teoria que traz a melhor resposta para o direito vigente quanto à metodologia a ser utilizada para ligar o dano ao agente, mesmo em sede de danos complexos. Justifica-se tal conclusão em razão da concepção de Direito Privado aristotélico-tomista que conjuga a idéia de justiça comutativa e justiça distributiva, resultando daí uma concepção de justa indenização para as relações privadas e de possibilidade de atuação do ente público como repressor. Levando essas conclusões ao nexo de causalidade, a idéia de haver no sistema um indicativo teórico e mais a concepção de justa indenização, não podemos aceitar que aquele que não causou o dano de forma direta e imediata tenha que indenizar, pois estaríamos contrariando a noção de justiça comutativa. De outra sorte, quando os danos se tornam mais complexos, e a possibilidade de encontrar o agente causador for mais difícil, é no sistema como um todo que se deverá buscar a resposta, ou, melhor dizendo, dentro do conceito jurídico indeterminado "direto e imediato" interpretado frente ao sistema.

Referências

AARNIO, Aulis. Las reglas en serio. *In*: ———. (Org.). *La normatividad del derecho*. Barcelona: Gedisa, 1997.

———. *Lo racional como razonable*. Madrid: Centro de Estudios Constitucionales, 1991.

ALEXY, Robert. *Teoría de los derechos fundamentales*. Madrid: Centro de Estudios Constitucionales, 1997.

ALMEIDA, Guilherme Assis de; BITTAR, Eduardo C. B. *Curso de Filosofia do Direito*. 4. ed. Atlas: São Paulo, 2005.

ALSINA, Jorge Bustamate. *Teoría general de la responsabilidad civil*. Buenos Aires: Abeledo-Perrot, 1979.

ALVIM, Agostinho. *Da inexecução das obrigações e suas conseqüências*. 4. ed. São Paulo: Saraiva, 1972.

ANTUNES VARELA, João de Mattos. *Das obrigações em geral*. Coimbra: Almedina, 2003.

ANTUNES, Paulo de Bessa. *Dano ambiental*: uma abordagem conceitual. Rio de Janeiro: Lumen Juris, 2000.

ARAUJO, María Mercedes Díaz. Daño por contaminación ambiental urbana, polución, impacto auditivo, visual y ambiental. *In*: GUERSI, Carlos A. (Coord.). *Los nuevos daños*: soluciones modernas de reparación. 2. ed. Buenos Aires: Depalma, 2000. v. 1.

ARISTÓTELES. *Metafísica*. Madrid: Gregos, 1998.

———. *Metafísica*. 2. ed. Tradução para o italiano de Giovanni Reale e para o português de Marcelo Perine. São Paulo: Loyola, 2005. v. II.

ÁVILA, Humberto. *Teoria dos princípios*: da definição à aplicação dos princípios jurídicos. 4. ed. aum. São Paulo: Malheiros, 2004.

———. *Teoria dos princípios*: da definição à aplicação de princípios jurídicos. 3. ed. aum. São Paulo: Malheiros, 2004.

AYALA, Patryck de Araújo; LEITE, José Rubens Morato. *Direito Ambiental na sociedade de risco*. Rio de Janeiro: Forense Universitária, 2002.

AZEVEDO, Antonio Junqueira de. Cláusula cruzada de não-indenizar (*cross-waiver of liability*), ou cláusula de não indenizar com eficácia para ambos os contratantes – renúncia ao direito de indenização – promessa de fato de terceiro – estipulação em favor de terceiro. *Revista dos Tribunais*, São Paulo, v. 769, a. 88, p. 104-109, nov. 1999.

———. Princípios do novo direito contratual e desregulamentação do mercado, direito de exclusividade nas relações contratuais de fornecimento, função social do contrato e responsabilidade aquiliana do terceiro que contribui para inadimplemento contratual. *Revista dos Tribunais*, São Paulo, n. 750, p. 113-20, abr. 1998.

BECK, Ulrich. *La sociedad del riesgo*. Barcelona/Buenos Aires: Paidós Ibérica, 1998.

———. *Políticas ecológicas en la edad del riesgo*. Barcelona: El Roure, 1998.

BENDA, Ernst. Dignidad humana y derechos de la personalidad. *In*: BENDA, Ernst *et al*. *Manual de Derecho Constitucional*. 2. ed. Madrid: Marcial Pons, 2001.

BENJAMIN, Antônio Herman Vasconcelos; MARQUES, Cláudia Lima; MIRAGEM, Bruno Nubens Barbosa. *Comentários ao Código de Defesa do Consumidor*. São Paulo: Revista dos Tribunais, 2003.

BETTI, Emilio. *Teoria generale della interpretazione*. Milano: Giuffré, 1953.

BEVILAQUA, Clóvis. *Código Civil dos Estados Unidos do Brasil comentado*. 9. ed. Rio de Janeiro: Francisco Alves, 1953. v. IV.

BIANCA, C. Massimo. *Diritto Civile*: la responsabilità. Milano: Giuffrè, 2004.

BITENCOURT, Cezar Roberto. *Manual de Direito Penal*. 6. ed. São Paulo: Saraiva, 2000. v. 1.

BITTAR, Carlos Alberto. *O Direito Civil na Constituição de 1988*. 2. ed. São Paulo: Revista dos Tribunais, 1991.

BITTENCOURT, Darlan Rodrigues; MARCONDES, Ricardo Kochinski. Lineamentos da responsabilidade civil ambiental. *Revista dos Tribunais*, São Paulo, a. 86, n. 740, jun. 1997.

BOBBIO, Norberto. *A era dos direitos*. Rio de Janeiro: Campus, 1992.

BONATTO, Cláudio. *Código de Defesa do Consumidor*: Cláusulas abusivas nas relações contratuais de consumo. 2. ed. Porto Alegre: Livraria do Advogado, 2006.

CAHALI, Yussef Said. *Dano moral*. 2. ed. São Paulo: Revista dos Tribunais, 1998.

———. *Responsabilidade civil do Estado*. 2. ed. São Paulo: Malheiros, 1996.

———. Responsabilidade civil do Estado. *In*: ———. (Coord.). *Responsabilidade civil*: doutrina e jurisprudência. 2. ed. São Paulo: Saraiva, 1988.

CANARIS, Claus-Wilhelm. *Direitos fundamentais e Direito Privado*. Coimbra: Almedina, 2003.

———. *Pensamento sistemático e conceito de sistema na ciência do Direito*. 2. ed. Lisboa: Fundação Calouste Gulbenkian, 1996.

CAPELO DE SOUZA, Rabindranath V. A. *O direito geral de personalidade*. Coimbra: Coimbra, 1995.

CARVALHO, Manuel da Cunha. Produtos seguros, porém defeituosos: por uma interpretação do art. 12 do Código de Defesa do Consumidor. *Revista de Direito do Consumidor*, São Paulo, n. 5, p. 42, jan./mar. 1993.

CAVALIERI FILHO, Sergio. A responsabilidade civil prevista no Código de Trânsito brasileiro à luz da Constituição Federal. *Revista dos Tribunais*, São Paulo, a. 88, n. 765, jul. 1999.

———. *Programa de responsabilidade civil*. 6. ed. São Paulo: Malheiros, 2005.

COELHO, Fábio Ulhoa. *Curso de Direito Comercial*. 5. ed. São Paulo: Saraiva, 2005. v. 3.

COMPAGNUCCI DE CASO, Rubén H. *Responsabilidad civil y relación de causalidad*. Buenos Aires: Astrea, 1984.

COSTA JÚNIOR, Paulo José da. *Nexo causal*. 2. ed. São Paulo: Malheiros, 1996.

CRUZ, Branca Martins da. Responsabilidade civil pelo dano ecológico: alguns problemas. *Revista de Direito Ambiental*, São Paulo, n. 5, p. 32, 1996.

DE PAGE, Henri. *Traité élémentaire de droit civil belge*. 2. ed. Bruxelles: Émile Bruylant, 1940.

DI GREGORIO, Valentina. *La valutazione equitativa del danno*. Padova: CEDAM, 1999.

DIAS, José de Aguiar. *Cláusula de não-indenizar*. 4. ed. Rio de Janeiro: Forense, 1980.

DRESCH, Rafael de Freitas Valle. A influência da economia na responsabilidade civil. *In*: TIMM, Luciano Benetti (Org.). *Direito e Economia*. São Paulo: IOB/Thomsom, 2005.

DWORKIN, Ronald. *Levando os direitos a sério*. Tradução de Nelson Boeira. São Paulo: Martins Fontes, 2002.

———. *Uma questão de princípio*. São Paulo: Martins Fontes, 2000.

ENGISCH, Karl. *Introdução ao pensamento jurídico*. 9. ed. Tradução de João Baptista Machado. Lisboa: Calouste Gulbenkian, 2004.

ENNECCERUS, Ludwig. Derecho de las obligaciones. *In*: ENNECCERUS, Ludwig; KIPP, Theodor; WOLFF, Martín (Org.). *Tratado de Derecho Civil*. Barcelona: Bosch, 1947. v. 1. t. 2.

FACCHINI NETO, Eugênio. Reflexões histórico-evolutivas sobre a constitucionalização do Direito Privado. *In*: SARLET, Ingo Wolfgang (Org.). *Constituição, direitos fundamentais e Direito Privado*. Porto Alegre: Livraria do Advogado, 2003.

FERRAJOLI, Luigi. *Direito e razão*: teoria do garantismo penal. 2. ed. Tradução de Aléxis Augusto Couto de Brito e outros. São Paulo: Revista dos Tribunais, 2006.

FERRAZ JÚNIOR, Tércio Sampaio. *Introdução ao estudo do Direito*. 3. ed. São Paulo: Atlas, 2001.

FRANZONI, Massimo. *Trattato della responsabilità civile*: il danno risarcibile. Milano: Giuffrè, 2004.

———. *Trattato della responsabilità civile*: l'illecito. Milano: Giuffrè, 2004.

FREITAS, Juarez. *A interpretação sistemática do Direito*. 4. ed. São Paulo: Malheiros, 2004.

———. *Estudos de Direito Administrativo*. São Paulo: Malheiros, 1997.

———. Princípio da precaução: vedação de excesso e de inoperância. *Interesse Público*, São Paulo, n. 35, p. 37, 2006.

———. Responsabilidade objetiva do Estado, proporcionalidade e precaução. *Direito & Justiça*, Revista da Faculdade de Direito da PUCRS, Porto Alegre, v. 31, a, XXVII, p. 11-41, 2005.

GADAMER, Hans-Georg. *Verdade e método*. Petrópolis: Vozes, 2002.

GAGLIANO, Pablo Stolze; PAMPLONA FILHO, Rodolfo. *Novo curso de Direito Civil*: responsabilidade civil. 2. ed. São Paulo: Saraiva, 2004.

GALLO, Paolo. *Pene private e responsabilità civile*. Milano, Giuffrè, 1996.

GILISSEN, John. *Introdução histórica ao Direito*. 2. ed. Tradução de António Manuel Hespanha e Manuel Luís Macaísta Malheiros. Lisboa: Fundação Calouste Gulbenkian, 1995.

GOLDBERG, Daniel. *Poder de compra e política antitruste*. São Paulo: Singular, 2006.

GOLDENBERG, Isidoro H. *La relación de causalidad en la responsabilidad civil*. Buenos Aires: La Ley, 2000.

GONÇALVES, Carlos Roberto. *Responsabilidade civil*. 8. ed. São Paulo: Saraiva, 2003.

GRAU, Eros Roberto. *Direito, conceitos e normas jurídicas*. São Paulo: Revista dos Tribunais, 1988.

HAWKING, Stephen. *Historia del tiempo*: del big bang a los agujeros negros. 2. ed. Buenos Aires: Crítica, 2002.

HOFMEISTER, Maria Alice Costa. *O dano pessoal na sociedade de risco*. Rio de Janeiro/São Paulo: Renovar, 2002.

JORGE, Fernando Pessoa. *Ensaio sobre os pressupostos da responsabilidade civil*. Coimbra: Almedina, 1999.

JUSTEN FILHO, Marçal. *Curso de Direito Administrativo*. São Paulo: Saraiva: 2005.

LACERDA, Galeno. Indenização do dano moral – parecer. *Revista dos Tribunais*, São Paulo, v. 728, p. 94-101, jun. 1996.

LALANDE, André. *Vocabulário técnico e crítico da Filosofia*. Tradução de Fátima Sá Correia e outros. São Paulo: Martins Fontes, 1999.

LIMA, Alvino. *Culpa e risco*. 2. ed. São Paulo: Revista dos Tribunais, 1999.

LOSSO, Thais Cercal Dalmina. Princípios da política global do meio ambiente no estatuto da cidade. *In*: SILVA, Bruno Campos (Coord.). *Direito Ambiental*: enfoques variados. São Paulo: Lemos & Cruz, 2004.

LUDWIG, Marcos de Campos. Direito Público e Direito Privado: superação da dicotomia. *In*: MARTINS-COSTA, Judith (Org.). *A reconstrução do Direito Privado*: reflexos dos princípios, diretrizes e direitos fundamentais constitucionais no Direito Privado. São Paulo: Revista dos Tribunais, 2002.

MACHADO, Paulo Affonso Leme. *Direito Ambiental brasileiro*. 9. ed. São Paulo: Malheiros, 2001.

MACINTYRE, Alasdair. *Justiça de quem? Qual racionalidade?* 2. ed. São Paulo: Loyola, 2001.

MARKESINIS, B. S. *The german law of obligations*. 3. ed. V. II – The law of torts: a comparative introduction. Oxford: Clarendon Press, 1997.

MARQUES, Cláudia Lima. *Contratos no Código de Defesa do Consumidor*. 3. ed. São Paulo: Revista dos Tribunais, 1999.

———. *Contratos no Código de Defesa do Consumidor*: o novo regime das relações contratuais. 4. ed. São Paulo: Revista dos Tribunais, 2002.

MARTINS, Ana Gouveia e Freitas. *O princípio da precaução no Direito do Ambiente*. Lisboa: Associação Acadêmica da Faculdade de Direito de Lisboa, 2002.

MARTINS-COSTA, Judith. *A boa-fé no Direito Privado*. São Paulo: Revista dos Tribunais, 1999.

———. *Comentários ao Novo Código Civil*. V. V. T. II. Arts. 389 a 420. Rio de Janeiro: Forense, 2004.

———. Mercado e solidariedade social entre *cosmos e taxis*: a boa-fé nas relações de consumo. In: ———. (Org.). *A reconstrução do Direito Privado*: reflexos dos princípios, diretrizes e direitos fundamentais constitucionais no Direito Privado. São Paulo: Revista dos Tribunais, 2002.

———. O Direito Privado como um "Sistema em Construção": as cláusulas gerais no projeto do Código Civil Brasileiro. *Revista da Faculdade de Direito da UFRGS*, Porto Alegre: Síntese, v. 15, p. 131, 1998.

———. Os danos à pessoa e a natureza de sua reparação. In: ———. (Org.). *A reconstrução do Direito Privado*: reflexos dos princípios, diretrizes e direitos fundamentais constitucionais no Direito Privado. São Paulo: Revista dos Tribunais, 2002.

MAZEAUD, Henri; MAZEAUD, Leon; TUNC, André. *Tratado teórico y práctico de la responsabilidad civil delictual y contractual*. Buenos Aires: Europa-América, 1977. t. I a V.

MEDICUS, Dieter. *Schuldrecht*: Allgemeiner Teil. 15. Aufl. München: C.H. Beck, 2004.

MELLO, Celso Antonio Bandeira de. *Curso de Direito Administrativo*. 11. ed. São Paulo: Malheiros, 1999.

MENEZES CORDEIRO, António. *Tratado de Direito Civil*. Coimbra: Almedina, 2000.

MICHELON JÚNIOR, Cláudio Fortunato. *Aceitação e objetividade*: uma comparação entre as teses de Hart e do positivismo precedente sobre a linguagem e o conhecimento do Direito. São Paulo: Revista dos Tribunais, 2004.

———. Um ensaio sobre a autoridade da razão no Direito Privado. *Revista da Faculdade de Direito da UFRGS*, Porto Alegre, v. 21, p. 101, mar. 2002.

MILARÉ, Edis; COSTA JÚNIOR, Paulo José da. *Direito Penal Ambiental*: comentários à Lei nº 9.605/98. Campinas: Millennium, 2002.

MONTENEGRO, Antonio Lindberg C. *Responsabilidade civil*. Rio de Janeiro: Lumen Juris, 1996.

MORAES, Alexandre. *Direito Constitucional*. 13. ed. São Paulo: Atlas, 2003.

MORAES, Márcia Elayne Berbich de. *A (in)eficiência do Direito Penal moderno para a tutela do meio ambiente na sociedade de risco (Lei n. 9.605/98)*. Rio de Janeiro: Lumen Juris, 2004.

MORENO, Lucía Velásquez. Responsabilidad civil por dano ambiental. In: GUERSI, Carlos A. (Coord.). *Los nuevos daños*: soluciones modernas de reparación. 2. ed. Buenos Aires: Depalma, 2000. v. 1.

NEGREIROS, Teresa. *Teoria do contrato*: novos paradigmas. Rio de Janeiro: Renovar, 2002.

NERY JÚNIOR, Nelson; NERY, Rosa Maria de Andrade. *Código Civil comentado*. 4. ed. São Paulo: RT, 2006.

———. *Leis civis comentadas*. São Paulo: Revista dos Tribunais, 2006.

NORONHA, Fernando. *Direito das obrigações*. São Paulo: Saraiva, 2003. v. I.

PARGENDLER, Mariana Souza; MARTINS-COSTA, Judith. Usos e abusos da função punitiva: "punitive damages e o Direito brasileiro". *Revista da AJURIS*, Porto Alegre, v. 32, n. 100, p. 259-262, dez. 2005.

PEREIRA, Caio Mário da Silva. *Instituições de Direito Civil*. 15. ed. Rio de Janeiro: Forense, 1997. v. II.

———. *Responsabilidade civil*. Rio de Janeiro: Forense, 1992.

PERLINGIERI, Pietro. *Il Diritto Civile nella legalità constituzionale*. Napoli: Scientifiche Italiane, 1991.

———. *Perfis do Direito Civil*: introdução ao Direito Civil Constitucional. 3. ed. Tradução de Maria Cristina De Cicco. Rio de Janeiro: Renovar, 1997.

PINTO, Carlos Alberto da Mota. *Teoria geral do Direito Civil*. Coimbra: Coimbra, 1985.

PINTO, Paulo Mota. Notas sobre o direito ao livre desenvolvimento da personalidade e os direitos de personalidade no Direito português. *In*: SARLET, Ingo Wolfgang (Org.). *A Constituição concretizada*: construindo pontos com o público e o privado. Porto Alegre: Livraria do Advogado, 2000.

PONTES DE MIRANDA, Francisco Cavalcanti. *Tratado de Direito Privado*. Rio de Janeiro: Borsói, 1971. t. XXII.

PONZANELLI, Guido. *La responsabilità civile*. Profili di Diritto comparato. Bologna: Il Mulino, 1992.

POSNER, Richard A. *El análisis económico de Derecho*. Cidade do México: Fondo de Cultura Económica, 1998.

———. Wealth maximization and tort law: a philosophical inquiry. *In*: OWEN, David G. (Org.). *Philophical foundations on tort law*. New York/London: Oxford University Press, 1995.

POTHIER, Robert Joseph. *Tratado das obrigações*. Campinas: Servanda, 2002.

PREDIGER, Carin. A noção de sistema no Direito Privado e o Código Civil como eixo central. *In*: MARTINS-COSTA, Judith (Org.). *A reconstrução do Direito Privado*: reflexos dos princípios, diretrizes e direitos fundamentais constitucionais no Direito Privado. São Paulo: Revista dos Tribunais, 2002.

REALE, Miguel. *Filosofia do Direito*. 6. ed. São Paulo: Saraiva, 1994.

———. *História do novo Código Civil*. São Paulo: Revista dos Tribunais, 2005.

———. *Nova fase do Direito moderno*. 2. ed. São Paulo: Saraiva, 1998.

RECANO, Paolo. *La responsabilità civile da attività pericolose*. Padova: CEDAM, 2001.

RESCIGNO, Pietro (Org.). *Codice civile*. 3. ed. Milano: Giuffrè, 1997.

REVISTA dos Tribunais, São Paulo, a. 88, v. 769, p. 104-105, nov. 1999.

REVISTA Scientific American Brasil, São Paulo: Duetto, a. 2, n. 20, p. 57, jan. 2004.

RIBEIRO DE FARIA, Jorge Leite Areias. *Direito das obrigações*. Coimbra: Almedina, 1987. v. I.

RIZZARDO, Arnaldo. *Responsabilidade civil*. Rio de Janeiro: Forense, 2005.

ROSITO, Fernando. *A aplicação das máximas de experiência no processo civil de conhecimento*. 2004. 177 p. Dissertação (Mestrado em Direito) – Faculdade de Direito da UFRGS, Porto Alegre.

SALOMON, Fernando Baum. O princípio da precaução frente ao nexo de causalidade no dano ambiental. *In*: SILVA, Bruno Campos (Coord.). *Direito Ambiental*: enfoques variados. São Paulo: Lemos & Cruz, 2004.

SALVI, Cesare. *La responsabilità civile*. Milano: Giuffrè, 2005.

SANSEVERINO, Paulo de Tarso Vieira. *Responsabilidade civil no Código do Consumidor e a defesa do fornecedor*. São Paulo: Saraiva, 2002.

SARLET, Ingo Wolfgang. *A efetividade dos direitos fundamentais*. 3. ed. Porto Alegre: Livraria do Advogado. 2003.

———. *Dignidade da pessoa humana e direitos fundamentais*. Porto Alegre: Livraria do Advogado, 2001.

SILVA, Clóvis do Couto e. Dever de indenizar. *In*: FRADERA, Vera Maria Jacob de (Org.). *O Direito Privado brasileiro na visão de Clóvis do Couto e Silva*. Porto Alegre: Livraria do Advogado, 1997.

———. O conceito de dano no Direito brasileiro e comparado. *Revista dos Tribunais*, São Paulo, n. 667, p. 12, maio 1991.

SILVA, Geraldo Eulálio do Nascimento e. *Direito Ambiental Internacional*. Rio de Janeiro: Thex, 2002.

SILVA, Jorge Cesa Ferreira da. *Inadimplemento das obrigações*. São Paulo: Revista dos Tribunais, 2006.

SILVA, José Afonso da. *Direito Ambiental Constitucional*. 4. ed. São Paulo: Malheiros, 2002.

STEIN, Friedrich. *El conocimiento privado del juez*. Madrid: Centro de Estudios Ramón Areces, 1990.

STOCO, Rui. *Tratado de responsabilidade civil*. 6. ed. São Paulo: Revista dos Tribunais, 2004.

TARUFFO, Michele. Senso comum, experiência e ciência no raciocínio do juiz. *Revista Forense*, Rio de Janeiro: Forense, v. 97, n. 355, p. 101-118, 2001.

TEPEDINO, Gustavo. Notas sobre o nexo de causalidade. *Revista Jurídica*, São Paulo: Nota Dez, n. 296, p. 10, jun. 2002.

TRIMARCHI, Pietro. *Rischio e responsabilità oggettiva*. Milano: Giuffrè, 1961.

VENOSA, Sílvio de Salvo. *Direito Civil*: responsabilidade civil. 5. ed. São Paulo: Atlas, 2005.

VIANNA, José Ricardo Alvarez. *Responsabilidade civil por danos ao meio ambiente*. Curitiba: Juruá, 2004.

VIEIRA, Patricia Ribeiro Serra. *A responsabilidade civil objetiva no direito de danos*. Rio de Janeiro: Forense, 2004.

VILANOVA, Lourival. *Causalidade e relação no Direito*. 4. ed. São Paulo: Revista dos Tribunais, 2000.

VINEY, Geneviève; JOURDAN, Patrice. *Traité de droit civil*: les conditions de la responsabilité. 2. ed. Paris: L.G.D.J., 1998.

VIVANI, Claudio. *Il danno ambientale*: profili di Diritto Pubblico. Verona: CEDAM, 2000.

VON LISZT, Franz. *Tratado de Direito Penal alemão*. Campinas: Russel, 2003. t. 1.

WEINRIB, Ernest J. *The idea of private law*. Cambridge/London: Harvard University Press, 1995.

ZWEIGERT, Konrad e KÖTZ, Hein. *Introduzione al Diritto Comparato*. Milano: Giuffrè, 1995. v. 2.

Impressão:
Evangraf
Rua Waldomiro Schapke, 77 - P. Alegre, RS
Fone: (51) 3336.2466 - Fax: (51) 3336.0422
E-mail: evangraf.adm@terra.com.br